LE DESTIN TRAGIQUE DE JACKIE

LES ÉDITIONS 7 JOURS

Une division de Trustar ltée
10 000, rue Lajeunesse, bureau 200
Montréal (Québec) H3L 2E1

Éditeur: Claude J. Charron

Vice-président: Claude Leclerc

Adjointe à la rédaction: Geneviève Arcand

Rédaction: Eric Pier Sperandio

Révision: Pascal Saint-Gelais

Conception graphique: Laurent Trudel

Photos: Bettmann/UPI, Sygma, Keystone, Publiphoto

Dépôt légal
Bibliothèque nationale du Québec
Bibliothèque nationale du Canada
Deuxième trimestre 1994
ISBN 2-921221-37-3

LE DESTIN TRAGIQUE DE JACKIE

- *son enfance*
- *ses amours*
- *ses drames*

LES ÉDITIONS 7 JOURS

Introduction

Jacqueline Kennedy-Onassis est morte comme elle l'avait souhaité, *«entourée par les gens qu'elle aimait»*, disait son fils John Kennedy Jr. aux médias du monde entier qui cherchaient à recueillir les propos des proches d'une des ex-premières dames des États-Unis. Dans les heures qui ont suivi son décès, le 19 mai 1994, l'Amérique toute entière rendait un dernier hommage à la mémoire de la veuve de l'un des présidents américains les plus aimés.

«Ma mère est morte entourée par ses amis, sa famille et ses livres, avec les gens qu'elle aimait, à sa manière, selon sa propre volonté», ajoutait John Kennedy Jr., exprimant sa gratitude et ses remerciements pour tous les messages de sympathie. Il espérait aussi qu'on laisserait la famille Kennedy «dans une paix relative».

Le fils de celle que le magazine *Women's Wear Daily* avait baptisé Jackie O. tenait ces propos devant l'immeuble de la Fifth Avenue, où sa mère venait de mourir à l'âge de 64 ans, à la suite d'un cancer du système lymphatique. La foule de journalistes présents, les nombreux camions de télévision, les curieux, toutes les émissions spéciales à son sujet témoignent de la fascination qu'exerçait sur l'Amérique la veuve de John Kennedy et d'Aristote Onassis.

L'ancienne première dame souffrait d'un cancer du système lymphatique découvert en février 1994. Elle avait été opérée, quelques semaines plus tard, pour un ulcère à l'estomac. Le *New York Times*, citant un responsable médical, a révélé que le mal avait gagné le foie et le cerveau. Selon le quotidien, Jackie avait sombré dans le coma au lendemain de sa sortie de l'hôpital.

Jackie Kennedy avait quitté la veille l'hôpital Cornell, où était décédé, peu de temps auparavant, Richard Nixon, le principal adversaire de son mari. Après avoir appris que les médecins ne pouvaient plus rien tenter pour enrayer sa maladie, son amie et porte-parole, Nancy Tuckerman, a indiqué que Jackie Kennedy-Onassis avait demandé qu'aucune mesure exceptionnelle ne soit prise afin de la maintenir en vie. Jacqueline Onassis avait également reçu, jeudi, la visite d'un prêtre qui lui a administré les derniers sacrements.

Son décès, s'il était attendu, a tout de même pris tout le monde par surprise, puisque le samedi précédent, elle avait été aperçue assise sur un banc de Central Park avec le compagnon de ses dernières années, Maurice Templesman. Le lendemain, on l'a encore photographiée en train de marcher avec sa fille et son petit-fils dans ce même parc public situé juste en face de chez elle.

Le lendemain, c'est-à-dire lundi, elle était hospitalisée pour de *«sérieuses complications»*.

Jacqueline Kennedy-Onassis devait finalement mourir le jeudi suivant dans son appartement de New York. Le président Bill Clinton et son épouse Hillary, qui s'était liée d'amitié avec Jackie, lui ont rendu hommage, saluant une femme qui *«a beaucoup fait pour les États-Unis»*.

Ni le lieu, ni la date de la cérémonie, ni le cimetière où elle allait reposer n'avaient été dévoilés, afin de préserver l'intimité de la cérémonie. Les membres de la presse ont vite divulgué le secret: Jacqueline Kennedy-Onassis allait être inhumée au cimetière national d'Arlington, aux côtés du président John Kennedy — là où sont également enterrés leur fils Patrick, mort trois jours après sa naissance, en août 1963, et une enfant mort-née en 1956. La cérémonie d'inhumation devait donc avoir lieu le lundi après une cérémonie religieuse à l'église St. Ignatius Loyola, à New York. On a cru que le tout se déroulerait à l'église Saint Thomas More où Jacqueline Kennedy-Onassis allait prier.

À aucun moment la maladie n'a altéré son courage quasi légendaire, ce courage qui avait impressionné l'Amérique et le monde entier en ce jour tragique de novembre 1963 à Dallas, alors que John Kennedy se faisait assassiné. Elle laisse d'ailleurs derrière elle deux images tragiques: celle de la jeune veuve de John Kennedy, en tailleur rose encore souillé du sang de son mari, alors qu'on ramenait en avion sa dépouille à Washington, ainsi que celle de la même jeune femme, cette fois voilée de noir, menant très dignement le cortège funèbre de son époux de la Maison-Blanche à la cathédrale catholique St.Matthew. Certes, sa cote d'amour a quelque peu baissé après son mariage de 1968 avec le riche armateur grec, Aristote Onassis. Mais les Américains avaient toujours conservé une place privilégiée dans leurs coeurs pour celle que plusieurs considéraient comme un exemple.

Après la mort d'Onassis, en 1975, Jackie était retournée vivre définitivement à New York, où elle a entamé une carrière dans l'édition, tout en menant une vie discrète auprès de Maurice Templesman.

Malgré tout ce qui a été dit et tout ce qui a été écrit sur elle, pas moins de quarante ouvrages lui ont été consacrés aux États-Unis, Jackie Kennedy-Onassis aura su préserver sa vie privée envers et contre tous.

Elle qui était née en 1929 dans une famille de la haute société américaine, qui a vécu parmi cette même société, se trouvant parfois au coeur de la vie publique ou d'une actualité dramatique, a toujours accordé une importance capitale à sa protection, à la défense de sa vie privée et celle de ses enfants. Celle qui aura été la plus célèbre des premières dames des États-Unis, puis la veuve de John Kennedy et d'Aristote Onassis, sera malgré tout restée une personne extrêmement réservée, même si on avait l'impression que le public la connaissait bien. Mais on ne connaissait d'elle que ce qu'elle voulait bien laisser voir.

Jacqueline Kennedy-Onassis n'a jamais «parlé», elle n'a jamais publiquement raconté comment elle avait vécu ce 22 novembre 1963, jour où John Kennedy est mort pratiquement dans ses bras. Elle n'a jamais rien raconté sur ce qu'avait été sa vie avec le plus riche des armateurs grecs. Elle n'a jamais rien dit non plus sur son travail d'éditeur à New York, ni sur ses relations avec ses enfants ou avec le reste du clan Kennedy. Si on a écrit quelque quarante livres à son sujet, elle n'aura accordé, en tout et pour tout, que deux brèves entrevues.

Quand le monde entier l'a vue, sur un film d'amateur, tentant d'échapper aux tirs du tueur de Dallas, elle s'est éloignée de toute caméra ou presque — comme si cette tragédie devait l'inciter à fuir toute nouvelle exposition publique. Bien sûr, on a pris bien des photos d'elle, tantôt sur un yacht en Méditerranée ou au large des côtes du Massachussetts, tantôt dans les rues de New

York, d'Athènes ou de Paris. Elle côtoyait toujours les riches et les puissants, mais sans vraiment rien révéler de sa personnalité qui est demeurée presque énigmatique.

Ceux qui l'ont connue parlent d'une femme *«très intéressante et très intelligente»*. *«Plus que toute autre femme de son époque, elle a fasciné notre pays et le monde avec son intelligence, son élégance et sa grâce»,* déclarait le président américain Bill Clinton en rendant hommage à Jacqueline Onassis. Hillary Clinton, qui s'était félicitée d'avoir bénéficié des conseils de Jackie pour protéger son couple et sa fille face aux pressions de la Maison-Blanche et des médias, a déclaré: *«Le pays a perdu un trésor.»*

Chapitre 1

LA NAISSANCE
D'UNE STAR

En 1929, en plein coeur de l'été, alors que la canicule frappait New York, une fillette naissait, quelques dizaines de kilomètres plus loin, à l'hôpital Southampton de Long Island.

À cette époque, comme de nos jours, Long Island était le lieu de prédilection des familles aisées qui, sitôt la belle saison arrivée, faisaient bagages et valises pour aller s'installer dans leurs luxueuses et confortables résidences secondaires. C'est là que se trouvait le Tout-New York: gens riches et célèbres, magnats de l'industrie, stars de la scène et du cinéma muet, mafiosi en quête de respectabilité, chroniqueurs mondains et tutti quanti. Il y avait quelques autres de ces endroits dans les alentours de New York, mais Southampton était sans conteste le favori.

Parmi la faune richissime qui frayait dans ce décor hollywoodien où les enfants faisaient leurs premiers pas en société, rares — très rares — étaient ceux qui ne se considéraient pas comme faisant partie d'une classe de citoyens à part. Et les Bouvier ne faisaient pas exception.

Leur fillette, qui naquit le 28 juillet 1929, tout juste un an après le mariage en grande pompe de ses parents, fut le point de mire de la saison — bien des années plus tard, elle allait devenir le point de mire d'une nation toute entière, mais cela personne ne pouvait encore le savoir, bien qu'on aurait pu s'en douter...

Jacqueline Lee-Bouvier était *«une enfant exquise»*, disait-on dans le milieu. Cela n'était pas une surprise. Sa mère, Janet, était considérée comme une belle femme, tandis que son père, Jacques (surnommé Jack), était non seulement d'une beauté virile, mais aussi très séduisant. De plus, ce qui n'était pas pour leur nuire, ils occupaient une position sociale avantageuse et possédaient une immense richesse.

L'histoire de la famille n'est d'ailleurs pas dépourvue de charme: l'origine des Bouvier remonte à un Français qui s'est battu lors de la révolution américaine. Plus tard, au début des années 1800, ses fils ont bâti ce qui allait devenir la fortune familiale en faisant affaires dans le commerce et l'importation à Philadelphie. Le père de Jack est devenu un avocat réputé et recherché par la clientèle d'affaires de New York. Du côté maternel, la richesse des Lee était sans doute plus récente, mais le compte en banque n'en était pas moins aussi impressionnant, sinon plus.

Les amis et les proches du couple s'extasièrent devant l'enfant naissant, les parents se flattèrent de toute l'attention qu'on porta à la jeune Jacqueline, et tous s'accordèrent pour dire qu'elle deviendrait fort probablement une très belle femme. Les parents faisaient d'ailleurs déjà des plans concernant le mariage de cette enfant pour laquelle aucun parti ne serait trop beau. On imaginait déjà la façon dont elle élèverait ses enfants, leur transmettant l'éducation qu'elle a reçue.

Une de ces prédictions allait s'avérer conforme à la réalité: Jacqueline Bouvier allait effectivement devenir une beauté connue — reconnue! — dans le monde entier. Quant aux deux autres, la réalité allait dépasser très largement les attentes et les espérances alors exprimées.

Les premières années de la vie de la jeune Jacqueline furent partagées entre la somptueuse résidence familiale de Park Avenue en hiver, et celle de Southampton en été.

Les anecdotes foisonnent sur cette période de sa vie. Mais ces anecdotes pourraient être celles de n'importe quelle fillette ayant vécu dans un milieu à l'aise où les contraintes matérielles ou financières n'ont pour ainsi dire joué aucun rôle. Chose remarquable, la fillette développa rapidement, très rapidement, une très grande confiance en elle. C'est d'ailleurs autour de ce fait que beaucoup de témoignages se recoupent quand on aborde cette période de sa vie. Voici un exemple révélateur: la jeune Jackie avait quatre ans et s'amusait, un après-midi, à Central Park, sous l'oeil protecteur et bienveillant de sa nurse particulière. Tout à coup, elles se perdirent de vue. Loin de paniquer, comme l'auraient fait bien des enfants de son âge, la fillette marcha calmement dans le parc jusqu'à ce qu'elle aperçoive un policier. S'en rapprochant, elle lui dit d'une voix calme: *«Monsieur, ma gardienne s'est perdue. M'aideriez-vous à la retrouver?»*

Cela montre à quel point Jacqueline Bouvier garda, dès sa plus tendre enfance, la maîtrise des événements et comment elle en vint à contrôler sa destinée mieux que quiconque.

Cette attitude, consciente ou non, a d'ailleurs contribué à forger sa personnalité de façon importante, ainsi que ses traits de caractère qui lui donneront la force et le courage nécessaires pour passer à travers les drames et les tragédies qui marqueront sa vie.

Il faut noter qu'elle avait de qui retenir, puisque son père, Jack, que ses amis appelaient Black Jack, avait lui-même un caractère... assez particulier. Impétueux et aventurier, il ne manquait pas d'esprit pour autant. Mais de sagesse, peu s'en faut! À cela il faut ajouter, et cela n'était un secret pour personne, que Jack Bouvier était alcoolique, dépensier et qu'il trompait allègrement son épouse avec tout ce qui portait un jupon. C'était d'ailleurs là un sujet constant de discorde dans le couple, puisque Jack ne prenait même pas la peine de dissimuler ses frasques. Il n'était pas rare que la tempête éclate entre les murs lambrissés de leur résidence de New York ou de Long Island.

Jackie aurait pu en vouloir à son père pour ces incartades qui provoquaient immanquablement des disputes auxquelles assistait Jackie bien malgré elle. Mais Jack Bouvier avait un charme irrésistible, nous l'avons dit. Et entre le père et la fillette se développa une complicité et une amitié qui ne s'affaibliraient et se démentiraient jamais. Elle chérissait tout ce que son père lui donnait et elle prenait très au sérieux chacun de ses conseils — sa parole était d'or! Des années après la mort de son père, Jackie continuait de confier qu'il représentait pour elle l'homme idéal.

L'étroitesse des relations entre le père et la fille était si forte que même la mère en était jalouse. Comme elle n'a jamais pu rien faire pour atténuer cette réalité, elle est devenue, au fil des ans, de plus en plus critique à l'égard de Jacqueline. Ce problème s'est accentué davantage lorsque Janet Bouvier a donné naissance à une autre fille, Lee. Au moins cela a permis de tirer les choses au clair: Jacqueline était la préférée de Jack, Lee celle de Janet.

Jack et Janet ont inscrit Jackie, dès la première année, à la très sélecte Chapin School de New

York, dont l'enseignement était reconnu pour son sérieux. Dès ses premières années, on s'est vite rendu compte que la fillette était très intelligente — elle a été l'une des premières de sa classe à écrire et à lire.

Toutefois, si Jacqueline avait tout ce qu'une enfant pouvait rêver d'avoir, tous ces vêtements dont rêvent les fillettes, des jouets à ne plus savoir quoi en faire, notamment un cheval qu'elle a reçu en cadeau pour ses six ans et plusieurs voyages, la chose dont elle n'a jamais pu profiter, c'est une maison où règnent la paix et la bonne entente. L'univers familial était fait de cris et de tiraillements.

L'alcoolisme de son père s'est aggravé au fil des ans, et le nombre de ses aventures a progressivement augmenté. Tout était devenu sujet de discorde et de dispute entre Jack et Janet. En 1940, malgré de nombreuses tentatives de rapprochement aussi vaines qu'éphémères, Jack Bouvier et Janet Lee décident de divorcer.

À l'âge de onze ans, Jacqueline vit la première et sans doute la plus difficile séparation de sa vie. Jack était la personne qu'elle aimait le plus. Cette séparation a été difficile, déchirante. D'autant plus que les relations entre Jacqueline et sa mère, loin de s'améliorer, se sont dégradées. À la solitude et la peine s'est ajouté l'embarras: en 1940, peu de couples divorçaient. La jeune Jacqueline est donc devenue une fille que l'on tenait à l'écart, et il était mal vu de la fréquenter.

Quelques mois après le divorce avec Jack Bouvier, Janet Lee-Bouvier commença à fréquenter Hugh D. Auchincloss, un courtier qui avait amassé une fortune importante. Après quelques mois de fréquentation assidue, tout juste deux ans après son divorce, Janet Lee-Bouvier devint madame Janet Auchincloss. Et Jacqueline a hérité d'un nouveau beau-père!

Malgré un charme certain, ce dernier n'avait aucune chance de rivaliser avec Jack Bouvier, lui qui tenait toujours une place importante dans le coeur de Jackie. Pour éloigner cette enfant rebelle, pour l'empêcher d'avoir une influence néfaste sur sa jeune soeur, on a décidé de l'envoyer dans un autre établissement d'enseignement, le prestigieux collège Holton Arms de Washington, où Jacqueline a eu l'occasion — la chance, dira-t-elle — de perfectionner son français.

C'est à cette époque que la jeune fille a pris conscience de sa situation somme toute précaire. Certes, son beau-père assumait ses dépenses, mais il était loin d'être aussi prodigue que Jack Bouvier. Pour la première fois de sa vie, Jackie a appris ce qu'était la privation. Plusieurs lui auraient sans doute envié sa situation, car rien d'essentiel ne lui manquait, et elle avait même droit à un certain superflu, mais Jacqueline Bouvier avait été habituée à plus que cela.

Elle s'est vite rendu compte que son beau-père était plus généreux envers les enfants qu'il avait eus d'un mariage précédent qu'il ne l'était envers elle. Elle savait aussi qu'il ne fallait rien attendre du côté maternel. En effet, James Lee, son grand-père qui possédait toute la fortune, avait déshérité toute la famille pour punir sa mère parce qu'elle a épousé, contre son gré, Black Jack Bouvier.

Un constat s'imposa rapidement: si elle voulait maintenir le niveau de vie auquel elle était habituée, elle devait absolument épouser quelqu'un de riche. Sa décision était prise. Jacqueline Bouvier avait alors quatorze ans.

Si cette idée s'était imposée d'elle-même dans l'esprit de la jeune fille, presque au point d'en devenir une idée fixe, elle savait toutefois qu'elle avait tout le temps nécessaire pour trouver l'époux riche qu'elle cherchait. Mais il devrait aussi avoir bien d'autres qualités, dont celles de papa Jack!

Dans ses premières fréquentations bien innocentes, Jacqueline Bouvier écarta les prétendants dont les parents n'étaient pas suffisamment à l'aise financièrement pour lui assurer le train de vie qu'elle souhaitait.

À 18 ans, Jacqueline fit ses débuts dans la vie mondaine new-yorkaise, alors fort animée.

Sa première sortie «officielle», fut sa participation à un bal auquel participaient «les meilleures familles» de New York. Les jeunes filles, vêtues richement, mais sobrement, étaient alors «présentées» aux jeunes hommes les plus beaux, les mieux habillés et les mieux éduqués du Tout-New

York. Ce rituel, pratiqué depuis des décennies dans les familles aisées, était l'occasion par laquelle on annonçait implicitement que la jeune fille était prête pour le mariage.

On tenta bien d'en présenter quelques-uns à Jacqueline Bouvier, mais son caractère indépendant a refroidi rapidement les ardeurs des plus téméraires.

Jacqueline avait d'ailleurs jugé qu'il était encore trop tôt pour se choisir un époux. Elle choisit plutôt de poursuivre ses études et de s'inscrire au Vassar College qui, en plus d'être une école d'où provenaient les premières femmes à véritablement faire carrière, dispensait aussi une formation de pointe. Jacqueline Bouvier a très bien réussi au niveau académique. Elle s'est distinguée dans de nombreuses matières, prouvant, une fois encore, qu'on ne s'était pas trompé en disant qu'elle était fort intelligente. Cependant, sur le plan social, sa «réussite» était beaucoup moins éclatante: elle n'avait que très peu d'amis, pour la plupart introvertis et gênés.

Après deux années d'études au Vassar College, Jacqueline Bouvier décide d'effectuer un espèce de retour aux sources, aux racines familiales en s'inscrivant à l'université de la Sorbonne, à Paris, toujours influencée par la présence de son père.

Ce séjour en terre française devait avoir une influence considérable sur elle. Si elle a découvert et étudié les arts, la littérature, la mode, ce sont surtout les influences dont bénéficiait Paris à cette époque qui l'ont marquée. Rappelons-nous que Paris était alors un carrefour international où se retrouvaient tous les grands esprits du siècle. Lors de cette période d'après-guerre, l'atmosphère y était fébrile et plus créatrice que jamais. Jacqueline Bouvier a pris de l'assurance. Sa personnalité s'est affirmée. Si bien que lorsqu'elle est retournée aux États-Unis, c'est une jeune femme littéralement transformée, métamorphosée, que son entourage a découvert.

Plutôt que de retourner étudier à Vassar, où l'atmosphère n'était plus la même, la mentalité avait évolué, mais pas nécessairement dans la même direction que celle de la jeune femme, Jacqueline Bouvier a choisi de poursuivre ses études à l'université George Washington, située au coeur de la capitale américaine. C'était sans aucun doute l'université américaine qui, à l'époque, reflétait le plus les changements importants qui étaient survenus depuis la fin de la guerre. Lentement, mais sûrement, la société américaine elle-même se transformait.

L'université George Washington, par exemple, était fréquentée par des étudiants provenant de différentes classes sociales. Pour Jacqueline Bouvier, c'était la première fois qu'elle était véritablement en contact avec de jeunes Américains provenant d'autres classes sociales que celle à laquelle elle appartenait. À cause de ce «melting-pot», l'ambiance était effervescente, passionnée. C'était des années d'agitation pacifique, d'action.

Et Jacqueline Bouvier se retrouvait ainsi dans ce genre d'atmosphère fébrile qu'elle avait appris à aimer.

Depuis son séjour à Paris, elle était animée d'une nouvelle volonté, d'une nouvelle conscience. Pour elle, les choses ne seraient plus jamais pareilles. Elle ne pouvait si bien dire. Sa vie allait emprunter son premier grand virage...

Ainsi, peu de temps après son admission à l'université George Washington, elle a été invitée à dîner par un ami proche qui lui a présenté un homme qui se nommait... John Fitgerald Kennedy. Ce ne fut pas le coup de foudre, mais plutôt l'entente cordiale. Selon certains témoignages rapportés plus tard, Jacqueline et Jack — c'est ainsi qu'était surnommé John Kennedy — s'entendaient bien, mais leur relation s'arrêtait là, placée sous le sceau de l'amitié naissante. Il faut dire que la situation ne se prêtait guère à la passion amoureuse, puisque Jacqueline Bouvier était plongée dans ses études et John Kennedy, dans une course au sénat.

C'était le début d'une relation qui allait passionner le peuple américain, mais eux-mêmes ne le savaient pas encore. Ils ne savaient pas qu'ils allaient se maricr quelques années plus tard. Ils ne savaient pas non plus, ni l'un ni l'autre, que leurs destinées allaient être hors de l'ordinaire, hors du commun.

Chapitre 2

UNE JEUNE FEMME DIFFÉRENTE

Jacqueline Bouvier acheva ses cours universitaires et décrocha ce diplôme tant convoité.

La question à savoir si elle allait travailler ne se posait même pas: pour elle, cela allait de soi. Pas parce qu'elle avait besoin d'argent, son beau-père lui versait toujours une «rente» somme toute convenable qui lui aurait permis de bien vivre et de s'occuper d'activités «sociales», comme bien des jeunes filles de son rang social, parce que Jacqueline Bouvier avait besoin de plus que cela. En fait, pour tout dire, ce dont elle avait besoin c'était l'excitation et la fébrilité d'une activité professionnelle. Jacqueline Bouvier était indéniablement en avance sur son temps: à cette époque on voulait encore qu'une femme reste à la maison.

Elle a rapidement décroché son premier emploi en tant que reporter-photographe au *Washington Times-Herald*. Son travail consistait à se balader dans les rues de Washington, afin de saisir sur le vif des scènes de la vie quotidienne. Ses reportages étaient publiés, avec des vignettes de quelques lignes, dans la chronique des faits divers.

Ce n'était certes pas le poste dont Jacqueline Bouvier avait rêvé, mais elle était consciente qu'elle devait faire ses preuves avant d'accéder à un poste plus important. Aussi ingrate que soit la tâche qu'on lui avait confiée, elle a quand même trouver le moyen de se faire remarquer. Son talent transparaissait dans ces vignettes habituellement insipides. Aussi, on l'a promue assez rapidement, l'assignant à la couverture d'événements plus importants, comme l'intronisation de Eisenhower à la présidence des États-Unis. Ce n'est toutefois là qu'un des événements parmi les dizaines qu'elle allait couvrir pour ce quotidien.

Si Jacqueline Bouvier avait gagné de l'expérience grâce à sa promotion, elle avait tout de même dû réduire considérablement son train de vie. Depuis qu'elle avait terminé ses études et décidé de travailler, malgré l'opposition de sa mère et de son beau-père, qui avait réduit substantiellement la rente qu'il lui versait lors de ses études, lui allouant que cinquante dollars par mois, Jacqueline avait peine à vivre aisément. Elle gagnait une cinquantaine de dollars par semaine. C'était bien peu pour vivre dans une ville comme Washington où le niveau de vie était l'un des plus élevés du pays.

Elle continuait toujours d'habiter chez ses parents, ce qui lui permettait de sauver quelques dollars par mois. Mais pour la jeune femme indépendante qu'elle était devenue, ce n'était pas la situation idéale. Elle rêvait de voler de ses propres ailes, d'avoir son propre nid.

C'est à cette époque qu'elle s'est fiancée pour la première fois, avec John Husted Jr. Mais, dès le départ, Jacqueline Bouvier savait qu'il ne répondait pas aux critères qu'elle s'était fixés depuis longtemps. En tête de liste figurait la possession d'une fortune personnelle importante. Husted était certes à l'aise sur le plan financier. Il occupait un emploi intéressant à titre de courtier en valeurs mobilières, mais Jacqueline Bouvier voyait déjà à long terme: elle ne croyait pas que cet homme puisse un jour avoir suffisamment d'argent pour lui assurer le train de vie auquel elle avait été habituée depuis qu'elle était toute jeune. Toutefois, elle appréciait visiblement John Husted, d'autant plus qu'il lui offrait l'occasion, à brève échéance, de quitter la demeure familiale et d'avoir sa propre résidence.

Malgré ses réticences et l'opposition de ses parents, Jacqueline Bouvier commença à planifier son mariage... sans compter son rendez-vous avec le destin. Un destin qui avait pour nom John Kennedy.

Au fil de ses pérégrinations pour le *Washington Times-Herald*, elle croise de nouveau la route de John Kennedy. Ils se sont liés d'amitié, recommençant à se fréquenter de façon aussi assidue que secrète, et leur amitié s'est transformée rapidement en passion. En amour.

Sa liaison avec John Kennedy a débuté en janvier 1953, lors du bal traditionnel organisé pour l'inauguration du premier mandat du président Eisenhower. John Kennedy y est allé en compagnie de Jacqueline Bouvier. Dinah Bridge, une amie de la famille qui demeurait avec Robert et Ethel Kennedy peu après la naissance de leur premier enfant en 1951, se rappelle de la première rencontre entre John et Jacqueline: *«Nous étions tous assis autour de la table du petit déjeuner, avec John et un autre ami. Une ravissante fille est apparue dans l'encadrement de la porte d'entrée, en tenue d'équitation. Elle venait chercher l'ami qui devait monter avec elle. Peu après, la nuit suivante peut-être, on l'a invitée à souper et, pour ainsi dire, l'affaire était sur les rails...»* Ils jouaient à des jeux de société dans lesquels les participants devaient avoir de bonnes connaissances en vocabulaire. Habituellement, John Kennedy excellait dans ce domaine, et il a été quelque peu embarrassé et intrigué de constater que cette jeune femme était aussi forte que lui, sinon plus . Un autre participant à ces rencontres, qui connaissait bien la nature de leur relation, pense qu'il était très symbolique de les voir commencer leurs fréquentations par des jeux: *«Depuis le début, il y avait eu entre eux un rapport ludique. Jackie était une bonne partenaire pour lui, c'était l'une des choses que John appréciait. Mais cela posait aussi un problème plus grave: lequel des deux gagnerait la partie?»*

Jackie était très différente de toutes les filles que le jeune sénateur avait connues. Elle était plus intelligente, plus mondaine... selon les propos d'un des membres de cette bande d'amis: *«Elle avait davantage de classe.»* Il y avait quelque chose dans son allure — un air détaché et grave en même temps — qui provoquait la méchanccté des autres femmes. Comme les membres d'un salon du XVIIIe siècle, elles échangeaient des potins sur la façon dont elle avait dû discipliner sa chevelure rebelle et sur le soin qu'elle mettait à acheter ses souliers, afin de dissimuler ses grands pieds. *«Elle avait les yeux si écartés,* prétendait une de ces jeunes femmes qui se disait son amie, *que l'on s'étonnait de les voir regarder tous deux la même chose...»* Mais cela n'empêchait pas les hommes d'être d'un avis tout à fait différent. Cela allait au-delà de son apparence, car même si elle était alors dépourvue d'aplomb, elle était capable d'asséner des vérités brutales. Malgré une circonspection de grande dame, ses propos étaient souvent imprégnés de connotations lourdement sexuelles. Elle possédait un sens redoutable de l'ironie qu'elle dissimulait et que John Kennedy trouvait particulièrement captivant: *«Il voyait en elle un esprit semblable au sien,* disait un des co-pains de cette époque. *Je crois qu'il avait compris à quel point ils étaient semblables tous les deux. L'un et l'autre avaient traversé quand ils étaient jeunes des circonstances qui n'étaient pas des plus favorables , et ils avaient appris à faire leur chemin tout seuls, à ne compter que sur eux-mêmes.»* Effectivement, Jackie savait exactement ce qu'elle voulait.

Il vaut la peine de faire un retour sur les origines familiales sur lesquelles nous avons déjà écrit quelques lignes. Mais allons plus loin. Rappelons la véritable histoire des familles. Les Bouvier avaient immigré un peu plus tôt que les Kennedy et ils étaient arrivés en Amérique par des voies un peu plus détournées. Le premier d'entre eux, Michel, était un ami du frère de Napoléon, Joseph, roi d'Espagne. Michel est arrivé à Philadelphie trente ans avant la Grande Famine. Cet ébéniste avait fait fortune en spéculant sur les terrains et, après s'être heurté à un préjugé anticatholique, il a déménagé sa famille dans la ville de New York, plus tolérante et plus cosmopolite. La famille s'est alliée par mariage avec les Drexel, puis avec les Morgan — cette famille bien connue du milieu des affaires américain. Leur ascension leur a permis de figurer dans le *Bottin mondain* de 1880, juste au moment où les Kennedy commençaient pour leur part à diversifier leurs activités, ajoutant au commerce de l'alcool des ambitions politiques.

À la naissance de Jackie, en 1929, les Bouvier formaient un vaste clan. Les factions plus ou moins éloignées guerroyaient entre elles, mais les générations se suivaient et demeuraient liées par l'interminable comédie de l'argent.

Ce que John et Jackie avaient toutefois en commun ce n'était pas tant des histoires de famille, mais des problèmes paternels. Leurs pères respectifs avaient tous deux exercé une influence déterminante sur eux. La similitude entre les deux hommes n'avait toutefois rien à voir avec le sens des affaires: John V. Bouvier III avait réduit un héritage de 750 000 dollars à une fortune de 100 000 dollars après toute une vie de mauvais placements. Ce n'était pas non plus une question de volonté; Bouvier n'était motivé par rien, sinon ses origines. L'aïeul de John Kennedy a fait fructifier sa fortune, et sa volonté était d'en faire toujours plus, de se rendre toujours plus loin. En fait, les deux pères se ressemblent parce qu'ils ont entraîné leurs enfants dans leurs déboires personnels, leur inculquant une certaine conception de la vie et des hommes selon laquelle chacun «est» ce qu'il veut bien laisser paraître.

Avec des cheveux séparés par une raie au centre, un visage brun, aimable, une pochette de soie, Jack Bouvier s'était taillé une réputation de pirate d'amour, de bourreau des coeurs. Il écumait d'ailleurs les réceptions mondaines, de Manhattan à Hampton... Son teint basané et ses allures de Clark Gable lui avaient valu des surnoms liés à ses prouesses amoureuses, comme le «Cheik noir», «l'Orchidée noire» ou, de façon moins exotique, la «Matraque noire». Avant et même pendant son mariage avec Janet, fille d'un *self man* millionnaire, il avait toujours passé pour un don Juan. Ce que les femmes trouvaient irrésistible en lui, ce n'était pas seulement ses allures de vedette, mais aussi le plaisir d'être en sa compagnie. *«Bouvier avait une qualité rare parmi les coureurs de jupons de cette époque,* confiait un jour l'une de ses conquêtes, *il ne considérait pas les femmes comme des objets de collection, il aimait vraiment leur compagnie, leurs façons d'être, le côté social de la vie féminine.»*

Ses filles, Jacqueline et Lee, que Bouvier devait continuer de dominer, même après son divorce, avaient grandi avec les idées de leur père. Entre autres, la compagnie des hommes leur avait toujours paru préférable à celle des femmes; la lutte des sexes était pour elles le seul drame qu'il valait la peine de vivre. Même lorsque son ex-épouse s'est trouvée un nouveau mari dont la fortune était indiscutable, Bouvier allait demeurer un personnage important dans la vie de ses filles, veillant à les gâter, à former leur esprit et surtout à subvenir à leurs besoins avec une générosité excessive.

Revenons en 1952, alors que Jackie s'était fiancée à John Husted malgré la violente opposition de sa mère qui y voyait une mésalliance, et ce, tant sur le plan social que sur le plan matériel.

Husted avait pu se faire une idée de l'indépendance d'esprit de sa fiancée qu'elle cachait sous une apparence de vulnérabilité. Lorsqu'il l'a invitée chez lui et que sa mère lui a offert le portrait du futur mari en guise de souvenir, elle lui a répondu: *«Non merci, si je veux une photo de lui, je peux la prendre moi-même.»* Husted, qui travaillait à New York, a compris que ses amours étaient condamnées quand les lettres de Washington sont devenues plus rares et plus bâclées, surtout quand il a lu au bas de l'une d'entre elles: *«Ne prête aucune attention aux rumeurs que tu pourrais entendre à propos de John Kennedy et de moi. Cela ne signifie absolument rien.»*

Chapitre 3

UN MARIAGE MONDAIN

Entre temps, Jacqueline Bouvier avait retrouvé John Kennedy. Elle était aussi troublée par le caractère «spasmodique» de la cour qu'il lui faisait que par les bruits qui couraient sur ses liaisons avec d'autres femmes. Pourtant un comportement cynique en amour évoquait pour elle celui de son propre père, et cela n'était pas pour lui déplaire. Plus difficile à accepter que John lui-même était la famille Kennedy. La première fin de semaine qu'elle a passé à Hyannis Port ressemblait à un voyage à l'étranger. Ce n'était pas tant la grandeur de Rose ni les vigoureuses fautes de goût de Joe qui la gênaient le plus, mais le langage des soeurs de Kennedy, avec leurs plaisanteries et la façon dont elles se comportaient à son égard, comportement qu'elle ne leur pardonnera jamais.

Mais l'attrait entre John et Jackie était plus fort que les histoires de famille. L'ami qui avait présenté Jackie à John l'a conviée en aparté lors du bal inaugural d'Eisenhower pour la mettre en garde. En termes généraux, il lui a décrit la maladie de John et ses aventures, soulignant les dangers qu'elle courait en se laissant séduire par un homme de douze ans son aîné qui se trouvait très bien dans sa vie de célibataire. Mais cela ne lui faisait ni chaud ni froid.

Elle devait d'ailleurs confier à une amie, quelques jours plus tard: *«Tout ce que je veux c'est me marier avec John.»* Cela avait à voir avec les relations pour le moins compétitives avec sa soeur, elle qui avait obtenu l'annulation de son premier mariage, pour ensuite épouser le prince Stanislas Radziwill, ce qui l'avait introduite dans la haute société londonienne avec un titre de princesse. Mais Jacqueline Bouvier savait que John Kennedy était le célibataire le plus convoité des États-Unis — ce ne devait pas être pour rien!

Au printemps de 1953, il était évident que l'idylle était allée plus loin qu'aucune autre des aventures de John depuis la guerre. Mais le jeune sénateur se sentait plutôt mal à l'aise de faire une demande en mariage traditionnelle. Il a résolu le problème lorsque Jacqueline s'est rendue à Londres pour couvrir le couronnement de la reine Élisabeth. Il lui a adressé sa demande par télégramme.

Dès que Jacqueline est revenue aux États-Unis, John et sa mère se sont rendus à la propriété familiale. Il a alors emmené Jackie en promenade, tandis que Rose et Janet discutaient des modalités du mariage prévu pour le mois de septembre. Quand la situation est devenue un peu trop tendue, Joseph arriva de Hyannis en avion pour prendre en main la situation avec le beau-père de Jackie. Si Jackie était une fille «bien» pour John, Joseph Kennedy était également conscient que ce mariage représentait, pour les Kennedy, une occasion de monter dans l'échelle sociale: le mariage aurait donc lieu à Hammersmith Farm, et ce serait l'affaire des Kennedy qui ont veillé à ce que le mariage soit l'événement mondain de l'année, sinon du siècle. Les Bouvier se sont d'ailleurs plains de l'esprit de clan qui régnait lors de la cérémonie organisée par Joseph Kennedy. Mais c'est Jack Bouvier, le père de Jackie, qui a créé l'élément mélodramatique de la journée: il s'est tellement enivré dans sa chambre d'hôtel, située à quelques kilomètres de là, qu'il n'a pas pu conduire la mariée à l'autel au moment opportun.

John et Jackie Kennedy ont passé leur lune de miel à Acapulco.

Si Jackie éprouvait des sentiments romanesques et romantiques à l'égard de son nouvel époux, lui, il était par contre très réaliste à son égard. Elle a donc appris à se défendre de son mieux contre John Kennedy, étudiant ses points faibles et les explorant avec art. Quand la situation lui déplaisait, elle se mettait simplement à bouder, ce qui rendait John fou. Il ne pouvait pas supporter les tensions et s'efforçait alors de rétablir la bonne entente par tous les moyens, au point de devenir littéralement malade. Jackie s'en était aperçue presque immédiatement et jouait donc magistralement avec ses bouderies. Malgré cela, ils étaient bien assortis. *«Ils se ressemblaient tellement, disait l'une de leurs relations, même par leurs prénoms, John, qu'on surnommait Jack, et Jackie, qu'ils ne formaient ni plus ni moins que les deux moitiés d'un seul tout.»*

Jackie pensait qu'elle avait toujours su comment les choses se passeraient. Peu après son mariage, elle avait parlé de la *«violente»* indépendance de John en ajoutant: *«Je ne crois pas qu'il existe des maris fidèles. Les hommes sont un mélange de bon et de mauvais...»* Mais elle ne se doutait pas qu'il se montrerait coureur de façon aussi flagrante. Il lui est même arrivé de se retrouver toute seule, perdue dans des réceptions pendant qu'il s'éclipsait avec une inconnue qui avait accroché son regard. Elle a dû supporter la pitié cruelle des autres femmes de son entourage. Depuis qu'il avait été élu sénateur, il était devenu, bien plus qu'avant, une personnalité officielle. Il n'avait plus à faire d'efforts pour rencontrer des femmes. Si John Kennedy était fort discipliné dans bien des domaines — après tout, la discipline était le secret de la réussite — quand il s'agissait des femmes, c'était un autre homme. Un autre ami ajoute: *«Après un an de mariage, Jackie errait déjà, comme la survivante d'une catastrophe aérienne.»*

D'ailleurs, le mariage était si peu compatible avec la personnalité de John Kennedy que certains cyniques, enclins à attribuer sans cesse des mauvaises intentions à tous les Kennedy, ont vu dans cette union une tentative de John pour jeter un manteau de respectabilité sur son libertinage, tout en se procurant l'environnement familial indispensable à quiconque voulant accéder aux plus hautes fonctions. Il y avait une part de vérité là-dedans, mais le fait de devenir un époux et (si possible) un père, avait pour John une réelle importance.

La campagne d'investiture à la vice-présidence a pris une place importante tout de suite après leur mariage. Pour l'ouverture de la convention démocrate, le 13 août, John Kennedy est arrivé à Chicago avec Jackie, alors enceinte de huit mois, heureux de la situation qui s'annonçait prometteuse. Le message qu'il a enregistré pour accompagner un hommage, qui était alors projeté sur grand écran, a connu un tel succès que John a été choisi pour prononcer le discours de l'investiture de Stevenson. Avec ce discours, John Kennedy se positionnait en quelque sorte pour figurer aux côtés de Stevenson sur la liste du parti démocrate, se classant avant d'autres sénateurs plus importants qui lorgnaient aussi la vice-présidence. Quand le vote pour la vice-présidence a commencé, John et Robert Kennedy, toujours présent auprès de son frère, ont réussi à prendre des dispositions pour faire face à un autre candidat dont la machine avait bien été rodée par des élections qui s'étaient tenues au printemps précédent. Dès le deuxième tour, quelques États (surtout ceux du Sud) ont commencé à voter pour Kennedy. Au total, il avait 618 voix. Il ne lui manquait plus que trente-huit voix pour l'emporter. Il avait commencé à s'habiller pour aller remercier l'assemblée, quand le sénateur du Tennessee, Albert Gore, qui s'était présenté pour la forme, s'est emparé du micro, hurlant qu'il se désistait en faveur d'un autre candidat. Cela a amorcé un mouvement de reflux. En voyant l'ampleur croissante des défections, Robert Kennedy courait de délégation en délégation, les larmes aux yeux, suppliant chacun de tenir bon, mais en vain. Au moment où l'effervescence est retombée, Kefauver avait reçu l'investiture du parti comme candidat à la vice-présidence.

Ensuite, John Kennedy s'est envolé pour New York avec son épouse. Il a laissé celle-ci prendre du repos à Hammersmith Farm et s'est accordé, quant à lui, des vacances en Europe. Il était encore sous le coup de l'échec et complètement déprimé quand il s'arrêta chez son père, sur la Côte-d'Azur. Les paroles de son père résonnaient encore dans ses oreilles: *«Dieu est toujours avec toi et tu peux encore devenir président si tu le veux et si tu travailles dur.»* Il n'allait pas retrouver son épouse mais partir en croisière autour de la Méditerranée avec un vieil ami. Le périple a tourné en débauche! Plusieurs jeunes femmes montaient ou descendaient à chaque port...

C'est en mer que lui est parvenu un télégramme lui annonçant que Jackie avait accouché d'un enfant mort-né, une fille. Le «malheureux père» ne s'est pas pressé pour regagner son foyer pour autant. Finalement, trois jours après avoir appris la tragédie, il prend l'avion pour rentrer, cédant à l'insistance de son ami qui le pressait de raccommoder son ménage en lambeaux, s'il avait toujours envie de faire carrière en politique à un échelon élevé.

Quand Jackie a quitté l'hôpital, elle s'est réfugiée à Hammersmith Farm, chez sa mère, et non pas au domicile conjugal. Au cours des semaines qui ont suivi, les deux époux ne se sont presque pas vu. La nouvelle de leur séparation s'est répandu au point que Joseph Kennedy a dû jouer les intermédiaires pour négocier un compromis et sauver le ménage.

Chapitre 4

LA NAISSANCE
DE CAROLINE

John et Robert Kennedy sont repartis de nouveau en campagne, d'un bout à l'autre du pays, cette fois pour le compte d'un candidat démocrate à la présidence, Robert Stevenson. John a prononcé quelque cent cinquante discours dans plus d'une douzaine d'États. C'était reparti!

À cette époque, l'alcoolisme de Jack Bouvier a fini par avoir raison de lui. Son état de santé ne cessait pas d'empirer — son foie était dans un état pitoyable — et il devenait visible pour n'importe quel observateur qu'il n'en aurait plus pour tellement longtemps. Cela n'empêchait pas Jackie d'espérer qu'il resterait en vie assez longtemps pour voir l'enfant qu'elle s'apprêtait à mettre au monde, car Jackie est rapidement retombée enceinte. Ce souhait ne s'est pas exaucé. Son père est mort quelque mois plus tard en ne laissant pour tout héritage qu'un peu plus de cent mille dollars que Jackie et sa soeur Lee se sont partagées à parts égales.

Ayant toujours en tête le décès de son premier enfant et ressassant ces mauvais souvenirs qui imprégnaient encore l'atmosphère de leur luxueuse propriété, John Kennedy cherchait à alléger cette atmosphère. En accord avec son épouse, il a décidé de se départir de celle-ci pour acquérir une nouvelle propriété à Georgetown. Décidée à éviter toutes les causes d'anxiété et les fatigues qui avaient compromis la première naissance, Jackie s'est efforcée de limiter ses activités à l'aménagement de cette nouvelle résidence.

Tout allait bien cette fois, très bien. Et le 27 novembre 1957, le lendemain de l'Action de grâce et quatre mois après le décès de son père, Jackie donnait le jour à une petite fille en bonne santé à la maternité de l'université Cornell de New York. L'accouchement par césarienne a donné naissance à Caroline Bouvier-Kennedy — ça allait être son nom de baptême officiel — qui pesait un peu plus de trois kilos. Selon son père, elle semblait aussi *«costaud qu'un lutteur japonais»*.

Caroline avait trois mois lorsque Jackie lui a enfilé la même robe qu'elle-même avait portée à son baptême. En compagnie d'un père véritablement ravi et heureux, elle est allée à la célèbre cathédrale St.Patrick où le bébé a été baptisé par l'archevêque de Boston. Pour ses parents, la naissance de Caroline était une espèce de triomphe. Jackie était littéralement aux anges, tandis que John, qui avait fini par se culpabiliser de la mort de leur fillette quelques mois auparavant, se sentait soulagé et rassuré.

Jackie était heureuse de demeurer à la maison et de s'occuper de Caroline. Quant au mari et père, John, il était souvent à l'extérieur de la ville pour construire sa carrière politique. Il reprenait là où il avait laissé. Mais cet édifice ne pouvait être construit en quelques jours, c'était un travail de longue haleine, de semaines, de mois. En raison de ces fréquentes séparations, des rumeurs selon lesquelles les choses n'allaient pas pour le mieux entre Jackie et John ont commencé à circuler. On laissait également entendre que l'un et l'autre avaient ses liaisons secrètes. D'autres rumeurs aussi sombres s'échangeaient de bouche à oreille. Bref, on se disait entre «gens qui savaient» que le couple était vacillant et qu'il ne faudrait pas trop s'étonner si une séparation ou un divorce survenait...

Bien sûr, aucune de ces rumeurs n'était réellement fondée, même si l'on reconnaît aujourd'hui que John Kennedy n'a jamais été le mari fidèle qu'on avait longtemps imaginé. Mais ses liaisons nombreuses étaient pour la plupart sans lendemain, et le couple, en 1960, était plus lié que jamais. Jackie l'a prouvé en annonçant qu'une fois de plus elle était enceinte.

Cette année-là, John Kennedy a gagné la convention du parti Démocrate — il était maintenant le candidat officiel de ce parti à la présidence des États-Unis. Aux prochaines élections, il allait devoir se battre contre le candidat républicain, Richard Nixon. Même s'il n'avait que quarante-deux ans, les chances de Kennedy dans cette course semblaient excellentes. La présidence des États-Unis était, pour ainsi dire, à portée de la main.

Il ne faudrait cependant pas sous-estimer l'importance de Jackie Kennedy dans cette campagne présidentielle. Toujours photogénique, mystérieuse, réservée et imprévisible, elle a eu un impact indéniable sur l'esprit des Américains. On la remarquait, plus qu'aucune autre femme du clan Kennedy, parce qu'elle était différente. Elle n'était pas la première venue, elle le savait, et elle n'essayait pas d'avoir l'air comme tout le monde. Elle défiait ce qui avait été fait jusque-là par les épouses des candidats présidentiels en admettant publiquement qu'elle ne savait pour ainsi dire pas faire la cuisine et qu'elle ne s'intéressait guère au fonctionnement ménager de sa maison. Elle ne cachait pas que, depuis quelques mois, c'était une gouvernante qui s'occupait de Caroline et qu'il y avait également, chez eux, d'autres serviteurs. En d'autres mots, elle était d'une franchise rafraîchissante. De plus, Jackie était jeune, belle, très intelligente et bien habillée — un journal avait alors avancé qu'elle dépensait 30 000 dollars par an pour se vêtir. Surtout: le public l'aimait. Ce même public qui ressentait une certaine excitation à imaginer que leur «première dame» pourrait être une femme venant tout juste de franchir le cap de la trentaine.

Lors de la journée du vote, Jackie Kennedy a voté pour la première fois de sa vie pour John Kennedy, tout comme la majorité des votants à travers le pays.

John Kennedy devenait président des États-Unis. Jackie, la première dame des États-Unis.

Chapitre 5

LA PREMIÈRE DAME DES ÉTATS-UNIS

Du jour au lendemain, le quotidien de John et Jackie Kennedy a changé du tout au tout. Si pour John c'était quelque chose d'entendu — toute sa vie avait été conduite avec ce but en tête — pour Jackie ce n'était non seulement quelque chose de nouveau, mais quelque chose de totalement inattendu.

Pendant la campagne électorale, le couple Kennedy avait été entouré de toutes parts. Maintenant, il était littéralement envahi! Il fallait préparer l'entrée à la Maison-Blanche et la formation du gouvernement. Il y avait des gens partout autour d'eux, jusque dans leur maison: des représentants du monde des affaires, divers «intervenants» politiques, mais aussi des agents des services secrets.

Aussi enchantée et heureuse du succès de son mari, c'était une nouvelle réalité à laquelle devait tout à coup s'habituer Jackie Kennedy. Une nouvelle réalité d'autant plus difficile qu'elle était de nouveau enceinte de huit mois. Mais ce n'était pas tout: tous les jours, une centaine de personnes se baladaient devant leur propriété, simplement dans le but de la voir, de l'apercevoir, de l'entrevoir même. Elle a reçu des cadeaux pour son bébé offerts par des personnes qu'elle ne connaissait même pas! La situation était à la limite du tolérable.

Le souper de l'Action de grâce de cette année-là a été un des plus difficiles. Toute cette situation jouait sur le caractère de John et de Jackie. Aussitôt après le repas, comme cela avait été convenu, Kennedy est reparti avec ses collaborateurs à bord de son yacht, le *Caroline*, à destination de la Floride où une séance de travail intensive était prévue. Mais voilà qu'à mi-chemin vers la Floride, un message radio urgent annonce que madame Kennedy a ressenti des douleurs prématurées, qu'elle a été transportée par ambulance au Georgeton University Hospital.

John Kennedy est revenu aussi rapidement que possible à Washington, mais il était encore dans l'avion lorsqu'il a appris la nouvelle: Jackie venait d'accoucher d'un garçonnet de 2,8 kilos qui devait rester en couveuse, mais qui était en bonne santé. Jackie a récupéré lentement. Les cinq premiers jours, elle était trop épuisée pour quitter son lit et elle n'a commencé à se sentir mieux que lorsqu'on a retiré l'enfant de la couveuse.

Il avait déjà été convenu que le garçonnet s'appellerait John Jr.

John Kennedy est alors retourné à Palm Beach, en Floride, à sa réunion de travail et Jackie a consulté les journaux de la semaine qui venait de passer, question de se mettre au parfum.

De retour chez elle, Jackie s'est donné la tâche délicate de sélectionner sa propre équipe pour la Maison-Blanche, dont un couturier attitré. Jackie a compris qu'elle deviendrait le point de mire des Américains. Et comme elle voulait trancher avec le style empesé des précédentes maîtresses des lieux, elle a utilisé les services de son ami Oleg Cassini, un Juif-Russe élevé à Florence, mais qui vivait depuis déjà bien des années aux États-Unis — un choix qui devait s'avérer judicieux, puisqu'elle a été choisie parmi les personnalités les mieux habillées du monde en 1960.

Cela commença d'ailleurs tout de suite après les cérémonies d'inauguration officielles, lors d'un bal tenu au très renommé Mayflower Hotel. Lorsque l'orchestre entonna la pièce *Hail to the Chief*, toutes les têtes se sont tournées vers le président et la première dame des États-Unis qui faisaient alors leur entrée sous les projecteurs. Des soupirs et des murmures d'envie s'entendaient des quatre coins de la salle quand les invités ont vu Jackie faire son entrée vêtue d'une robe en mousseline blanche et d'une cape de soie blanche. À son cou, on pouvait admirer un collier de diamants provenant du célèbre bijoutier Tiffany. Même son mari, devant cette réaction unanime de la foule, n'a pu s'empêcher de lui murmurer à l'oreille: *«Chérie, je ne t'ai jamais vue encore si belle!»*

Dès son arrivée à la Maison-Blanche, Jackie a établi une politique claire quant à ses relations avec la presse. Elle pouvait se résumer ainsi: un minimum d'information donnée avec un maximum de politesse. Elle repoussait et refusait, autant que faire se pouvait, ces séances de photos que l'on souhaitait faire avec elle et ses enfants — aucune autre enfant, depuis Shirley Temple, n'avait reçu autant d'attention que Caroline Kennedy. Mais, pour Jackie, il était essentiel de préserver sa vie privée, surtout la tranquillité de ses enfants — elle a même fait planter des haies très hautes aux alentours de l'espace de jeu de ses enfants pour éviter que des objectifs indiscrets ne les saisissent sur pellicule sans son consentement. Jackie Kennedy souhaitait donner à ses enfants une vie aussi normale que possible.

Elle s'est finalement rendu compte que la meilleure façon d'atteindre cet objectif était de s'éloigner le plus possible de la Maison-Blanche. Avec John, qui partageait ce point de vue, elle a donc décidé de louer une ferme — celle de Glen Ora — à Middleburgh, en Virginie. Un endroit tranquille où elle pouvait monter à cheval et jouer paisiblement avec ses enfants. Aussi, lorsque la pression devenait trop forte à Washington, elle faisait ses valises et prenait la route avec Caroline et John Jr. pour aller se détendre dans ce décor bucolique.

Cela n'avait pas manqué de déconcerter les habitués de la Maison-Blanche. Mais ils allaient rapidement devoir se faire à cette situation et à bien d'autres comme celle-là. Jackie Kennedy n'allait pas être une première dame très conventionnelle! Par exemple, aussi étonnant que cela puisse paraître, Jackie n'aimait pas qu'on l'appelle la «première dame». Aussi, elle a demandé à ses employés de l'appeler «Madame Kennedy». Non, Jackie Kennedy n'était pas conventionnelle, et elle n'avait rien non plus de ces autres femmes de présidents qui l'avaient précédée dans l'auguste demeure.

Dans une entrevue, elle devait d'ailleurs déclarer fièrement qu'elle ne s'était jamais pliée à aucune de ces 99 recommandations qu'on lui avait remises lorsqu'elle était entrée en fonction.

Autre décision qui ne manqua pas de susciter des passions: après seulement quelques semaines comme première dame, c'est-à-dire comme maîtresse de maison à la Maison-Blanche, Jackie a décidé purement et simplement de la redécorer! Il faut dire que, malgré une apparence extérieure impressionnante, de toute beauté, l'intérieur, lui, laissait plutôt à désirer. Jackie Kennedy a décidé d'utiliser des tableaux et des objets relatant les moments importants de l'histoire américaine pour donner une véritable personnalité à la prestigieuse résidence qui, pour tout dire, avait été meublée jusque-là de bric-à-brac provenant des précédents résidents. Et, pour atteindre l'objectif qu'elle s'était fixé, Jackie a formé deux comités.

Le président, mis au courant de cette initiative inattendue et imprévue de son épouse, craignait que cette décision de redécorer, avec faste cela va de soi, mais aussi avec l'argent des contribuables, serait une décision pour le moins impopulaire. Il a manifesté son opposition à Jackie, mais, loin de se décourager ou de renoncer, Jackie a décidé de faire une collecte auprès de la famille et des amis du clan Kennedy. En moins de temps qu'il n'en faut pour le dire, elle avait amassé l'argent nécessaire à tous ces changements qu'elle voulait effectuer! Et si quelques voix, qui provenaient pour la plupart de Washington, ont dénoncé cette somptueuse dépense, comme l'avait d'ailleurs prévu le président Kennedy, la grande majorité du public de toutes les régions du pays s'est rangée derrière Jackie, soutenant que cette dernière avait raison d'agir comme elle le faisait. Pour illustrer l'enthousiasme qu'a suscité cette action, on notera qu'à l'occasion d'une entrevue télévisée, au cours de laquelle elle présentait les changements qui avaient été effectués dans les diverses pièces de la Maison-Blanche, plus de 45 millions de téléspectateurs sont restés rivés devant leur téléviseur, accrochés aux lèvres de Jackie qui expliquait les moindres détails des travaux. L'émission de télévision a reçu un accueil si favorable que John Kennedy, pourtant avare dans ses compliments à l'endroit de Jackie, comme de tous ceux qu'il fréquentait, a été obligé d'admettre qu'il était impressionné par le résultat de cette initiative.

Jackie n'avait cependant pas fini d'impressionner, tant le simple quidam que les plus grands de ce monde. Au cours des deux années qui ont suivi, Jackie a effectué plusieurs voyages officiels en compagnie de son mari, notamment en France, au Pakistan et en Inde. Elle laissa une impression indélébile à chacun des leaders qu'elle a rencontré. Certains ont tellement apprécié sa personnalité et sa présence qu'ils lui ont fait parvenir des cadeaux très luxueux — rappelons simplement ce manteau en léopard qu'elle a reçu de Hailé Sélassié, président d'Éthiopie et ce collier serti de diamants, de rubis et d'émeraudes évalué, à l'époque, à plus de cent mille dollars, du président du Pakistan.

Oui, tout le monde aimait Jackie...

En 1963, Jackie Kennedy est tombée enceinte une nouvelle fois.

Dès qu'elle a appris la nouvelle, malgré le bonheur que lui procurait chacune de ses maternités, elle ne pouvait pas réussir à taire ses inquiétudes en raison de tous ces problèmes qu'elle avait connus depuis ses premières grossesses. Elle a cessé presque toutes ses activités publiques pour ne se consacrer qu'à ses enfants. Quand le grand public a appris que leur première dame attendait un nouvel enfant, l'enthousiasme a été extraordinaire. Cela, pour deux raisons: d'une part, Jackie suscitait toujours la même admiration chez le public et, d'autre part, cet enfant auquel elle donnerait le jour serait le premier à naître à la Maison-Blanche depuis le début du XXe siècle. Jackie Kennedy a donc passé un été tranquille à se détendre et à se reposer à la résidence de Hyannis Port .

Cette période de bonheur, de grand bonheur même, a été brutalement rompue. Un jour qu'elle faisait de l'équitation — sa passion pour les chevaux l'habitait toujours — elle a ressenti des douleurs. On l'a alors conduite de toute urgence à l'hôpital. Elle a donné naissance prématurément à l'enfant qu'elle portait, un petit garçon qui a été baptisé sous le nom de Patrick Bouvier-Kennedy, comme cela avait été prévu.

L'état de santé de Jackie n'était guère reluisant, mais on ne craignait pas pour sa vie. Les médecins l'ont surveillée de près et elle a fini par récupérer de façon assez rapide. L'enfant n'a pas eu autant de chance: victime de sérieux troubles respiratoires, il a passé de longues heures entre la vie et la mort, sous l'oeil inquiet de John Kennedy qui est resté à l'hôpital pour veiller ce bébé naissant qui se battait pour survivre. Il n'y a pas eu de *happy ending*. Le coeur et les poumons de l'enfant étaient trop faibles et il est mort le surlendemain.

Peu de temps après les funérailles, John et Jackie Kennedy ont célébré leur dixième anniversaire de mariage. Les circonstances ne se prêtaient pas à la fête, mais on a tout de même souligné cet anniversaire lors d'une petite réception qui réunissait le clan Kennedy et leurs proches. S'il arrive parfois, et même souvent, que la mort d'un enfant menace la survie d'un couple, cette épreuve a eu comme conséquence de rapprocher John et Jackie, donnant du même coup un nouveau souffle à leur vie de couple.

Pour tenter d'oublier la mort de Patrick, Jackie a décidé de s'accorder des vacances et d'accepter cette croisière sur la Méditerranée que lui proposait sa soeur Lee. Le yacht sur lequel Lee et Jackie s'apprêtaient à prendre le large appartenait à un magnat grec de l'industrie du transport maritime, un certain Aristote Onassis, surnommé Ari.

John Kennedy n'était pas très emballé à l'idée de faire ce voyage, car Aristote Onassis avait une mauvaise réputation aux États-Unis. Il avait eu des démêlés avec la justice dans une histoire de fraude, et Kennedy craignait un peu l'opinion publique. Toutefois, devant l'insistance de son épouse il a fini par céder.

Mais l'objectif de Jackie, en participant à cette croisière, était double. D'une part, elle espérait pouvoir parvenir à convaincre sa soeur Lee, qui avait une aventure avec le richissime armateur, de renoncer à son idée de quitter son mari pour Onassis. D'autre part, ce voyage représentait, pour Jackie, l'occasion de prendre des vacances. Et... quelles vacances!

Le yacht d'Onassis, le *Christina*, était un véritable palais flottant. La cale était remplie de vins et d'aliments pour flatter les plus fins palais. Plus de soixante employés veillaient à combler les moindres désirs et les moindres attentes des onze personnes invitées à participer à cette croisière de rêve. Les invités nageaient dans la luxueuse piscine, tandis que le yacht, battant pavillon grec, les transportait d'un port à l'autre, d'une destination exotique, telle Delphes, à une autre, comme Istanbul ou l'île de Crète. Onassis était visiblement ravi d'avoir Jackie à son bord. Il allait d'ailleurs le manifester de façon concrète lors du dernier jour de la croisière, alors qu'il a remis un petit présent à chacun de ses invités qui quittaient le yacht pour retourner vaquer à leurs occupations habituelles. Les cadeaux avaient bien sûr une certaine valeur monétaire, mais le présent était plus symbolique qu'autre chose, excepté pour Jackie à qui il a offert un collier de diamants et de rubis vraiment impressionnant! Une amitié solide venait de naître.

Ravie par ce voyage, Jackie n'en était pas moins impatiente de retourner chez elle retrouver son mari et ses enfants, ainsi que les fonctions officielles rattachées à son titre de première dame.

Lorsque John Kennedy lui a demandé de l'accompagner au Texas, en novembre, pour un voyage officiel, elle accepta avec empressement. Ils ont arrêté à San Antonio, à Houston, à Fort Worth et — dernier arrêt — à Dallas.

À Dallas, Jackie, toujours vêtue avec goût et finesse, a décidé de porter une robe rose de Channel avec une toque — la tenue qu'elle portait cette journée-là allait d'ailleurs rester graver dans la mémoire de l'Amérique toute entière. John et Jackie prenaient place dans une limousine décapotable bleue, laquelle était suivie par tout un cortège de représentants politiques et de tout un service de sécurité. Le cortège défilait lentement dans les rues de Dallas, tandis que le président et son épouse saluaient la foule. Le reste est connu.

Soudainement, un coup de feu a retenti. John Kennedy a été touché à la tête, Jackie l'a agrippé en criant: *«Mon Dieu! Qu'est-ce qu'ils ont fait? Ils ont tué mon mari...»* Des agents des services secrets se sont précipités dans le véhicule. On a étendu Jackie au sol pour la protéger, pendant que le chauffeur filait en direction de l'hôpital le plus proche. Avant même que la limousine ne stoppe devant l'hôpital, le personnel médical était prêt à intervenir. Les choses se sont déroulées avec célérité. Mais il y avait peu de chances que John Kennedy survive...

On a appelé un prêtre pour donner au président les derniers sacrements, alors que Jackie priait à son chevet. Dans les minutes qui ont suivi, John Kennedy a été déclaré cliniquement mort.

Jackie a retiré de son doigt son alliance pour la placer dans la main de Jack qu'elle a refermée. En larmes, elle lui a donné un dernier baiser.

Chapitre 6

UN DEUIL NATIONAL

Lorsque la nouvelle du décès a été rendue publique officiellement, la nation américaine toute entière est restée sous l'effet du choc, en ce 22 novembre 1963. Le pays a été littéralement paralysé, tout s'est arrêté: on a fermé les écoles comme la plupart des entreprises. Le corps du président a rapidement été ramené à Washington dans un avion de l'armée et Lyndon Johnson a été nommé président.

Lorsque Jackie Kennedy a quitté Washington pour Dallas avec son mari, elle était une célébrité. Lorsqu'elle est revenue, après l'enterrement de John Kennedy, elle est devenue une légende. Mais elle était veuve — et elle n'avait que trente-quatre ans

Même si Jackie Kennedy était encore sous le choc de l'assassinat, elle a décidé de veiller personnellement aux funérailles de son époux. Heureusement, Robert Kennedy, qui avait toujours été très proche de son frère John, mais aussi de Jackie, était là pour la soutenir et l'aider à traverser cette épreuve. Les funérailles ont été grandioses. À la hauteur de l'image que l'on s'était déjà faite de ce président au charisme extraordinaire. Des milliers de personnes ont assisté aux funérailles pour offrir leurs condoléances à la famille. Des milliers et des milliers de personnes, de la ménagère à l'ouvrier, de l'employé de bureau au chef d'entreprise, tout le monde pleurait la mort du président. Plus de quatre-vingt-dix pays ont envoyé des représentants officiels pour rendre hommage à l'homme et souligner leur attachement et leur solidarité envers la veuve éplorée.

Le pays avait dit adieu à l'un de ses présidents les plus aimés de toute son histoire.

Au fil des jours, la vie reprenait son cours normal — cherchait à reprendre son cours normal, serait-il plus juste de dire. Pour Jackie, l'ajustement n'était pas facile: en moins de trois mois, elle avait perdu son mari, son dernier enfant ct... sa résidence. Elle devait quitter la Maison-Blanche pour que ses nouveaux résidents, les Johnson, puissent y emménager. Ce fut également une épreuve terriblement difficile pour elle qui avait mis son coeur et son âme dans cette résidence. Elle lui avait donné un lustre nouveau. Elle était le reflet de sa personnalité. Sans compter que c'était également l'endroit où elle avait passé les plus belles années de sa vie; là où elle avait également élevé ses enfants.

Moins de deux semaines après l'assassinat de son mari, le 6 décembre 1963, Jackie et ses deux enfants ont quitté définitivement la Maison-Blanche pour s'installer dans une maison située à Georgetown, à quelques kilomètres de Washington, là où elle allait vivre un deuil difficile pendant de longs mois.

Jackie, qui n'avait guère eu jusque là l'occasion de s'occuper des détails pratiques de la vie quotidienne, s'est aperçue que si elle pouvait mener une vie confortable, elle était loin d'avoir l'aisance financière qu'elle avait toujours souhaitée. Elle a reçu vingt-cinq mille dollars de la succession de John Kennedy, quarante-trois mille dollars de la marine américaine, dix mille dollars comme pension de veuve et, enfin, le gouvernement allait lui verser cinquante mille dollars par année. Elle a également reçu deux cent mille dollars d'un trust qu'avait créé John Kennedy. Certes, c'était là, pour plusieurs d'entre nous, des sommes considérables. Mais, en y regardant de près, force était de constater que c'était bien peu pour soutenir le train de vie auquel Jackie et ses enfants étaient habitués.

Pour Jackie, au cours des semaines et des mois qui ont suivi, la vie n'a pas été des plus faciles, d'autant plus que la situation géographique de sa maison, située à quelques kilomètres de Washington et de la Maison-Blanche, lui rappelait constamment les moments heureux des dernières années, mais surtout les incidents tragiques qui l'ont marquée. C'est finalement sa soeur, Lee, désespérée de cette situation et de l'apathie de Jackie, qui est parvenue à la convaincre de quitter cette banlieue maudite pour aller s'installer à New York. Elle espérait ainsi que la vie trépidante de la métropole américaine redonne le goût de vivre à sa soeur. C'est effectivement ce qui s'est passé.

En l'espace de quelques mois, Jackie a retrouvé l'énergie et la volonté qui l'avaient toujours caractérisée. Au cours des deux années qui ont suivi, Jackie a recommencé à vivre, à s'intéresser à diverses activités; bref, à se tenir occupée. Un jour, elle a jugé qu'elle était prête, suffisamment forte, pour affronter de nouveau la vie publique. Les journalistes, les photographes surtout, qui épiaient ses moindres faits et gestes, n'attendaient que ce moment. En quelques semaines, Jackie Kennedy a été entraînée dans le tourbillon de la vie sociale new-yorkaise. Un jour, les photographes l'ont mitraillée dans un centre de ski, le lendemain en train de magasiner. Un soir ce pouvait être à l'opéra ou dans une discothèque fréquentée par le jet-set, un autre soir au restaurant en compagnie de quelques amis. La presse s'en donnait à coeur joie, commentant ses rencontres, ses vêtements, les moindres détails de chacune de ses sorties. Le public se régalait littéralement de cette littérature populaire, et pour cause, car Jackie tenait toujours une place privilégiée dans le coeur des Américains.

Bien entendu, ce à quoi on s'intéressait le plus, c'était aux hommes en compagnie desquels elle était vue. Il y en avait plusieurs. On supputait les chances de chacun de charmer Jackie et de la conduire au mariage.

Pourtant, celui qui comptait le plus, celui qui allait séduire la jeune veuve, était celui dont on parlait le moins: Aristote Onassis. À cause de son image qui tranchait avec celle de l'ex-président, de sa réputation discutable, tant d'homme d'affaires impitoyable que de noceur impénitent, Jackie Kennedy évitait de le voir en public.

Pourtant, c'est bien lui qui avait l'intention de la demander en mariage.

La petite Jackie avec ses parents, monsieur et
madame John V. Bouvier.

Jackie à l'âge de 4 ans, en compagnie de sa mère à leur maison de Easthampton, Long Island.

Jacqueline Bouvier était une enfant brillante qui réussissait très bien dans ses études.

Le couple Jackie et John Kennedy, à New York,
lors de la campagne présidentielle américaine.

Jackie et John avec leur bébé Caroline.

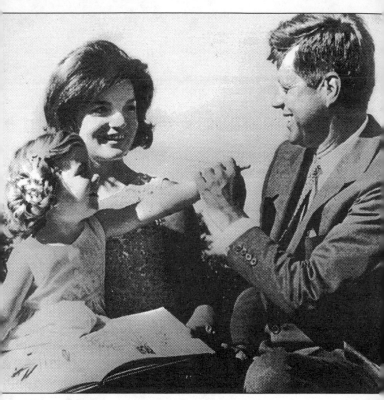

Pour Jackie, la vie de famille a toujours été
primordiale. Elle aimait beaucoup son mari
et sa fille Caroline.

Jackie a toujours été aux côtés de son mari. Elle a largement contribué à son élection à titre de président des États-Unis.

Le couple Kennedy en tête-à-tête au petit déjeuner.

Lors du sommet de Vienne en 1961, Jackie et John ont visité la cathédrale Saint-Stephan.

Jackie à la Maison-Blanche, alors que le président
Kennedy recevait en visite officielle le président
Kekkonen de Finlande.

Une scène qui a ému le monde entier. John Kennedy
Jr., le jour de ses 3 ans, salue militairement le passage
de la dépouille mortelle de son père.

Jackie et le petit John ont rencontré la reine Élisabeth lors de l'inauguration du Mémorial britannique du président Kennedy.

Jackie Onassis est venue à Montréal pour visiter Expo 67.

Dans l'ordre habituel, trois membres importants du clan Kennedy: Jackie, Ethel et Ted.

Jackie en compagnie de son second mari,
Aristote Onassis.

Jackie Onassis en limousine avec Rose Kennedy
et Christina Onassis.

Jackie, toujours élégante malgré ses 47 ans,
au milieu des années 70.

Jackie et son fils, John Kennedy Jr., lors d'une soirée de gala.

Jackie et sa fille Caroline sont devenues des amies au fil des ans.

Jackie aura marqué son époque et connu un destin
tragique qui a fasciné le monde entier.

Chapitre 7

LA VERSION DE JACKIE

Avant de penser à se remarier, Jackie Kennedy voulait mener à terme un projet qui lui tenait à coeur: écrire un livre dans lequel elle relaterait en détail les faits qui avaient entouré l'assassinat de son mari le 22 novembre 1963, à Dallas. Le clan Kennedy avait appuyé cette initiative, et Robert Kennedy a lui-même participé à la réalisation de l'ouvrage. Il voulait que la lumière soit faite sur l'assassinat de son frère et que le public sache ce qui s'était vraiment passé — déjà, plusieurs fausses interprétations circulaient, les unes plus farfelues que les autres. Quelques livres avaient déjà été publiés, et de nombreux autres étaient prévus. Jackie et les Kennedy voulaient en quelque sorte court-circuiter l'effet boule de neige de tous ces ouvrages, dont plusieurs, on s'en doutait, relevaient davantage du règlement de compte. On se donna donc la fin de l'année 1966 ou le début de l'année 1967 comme échéance de publication du livre.

C'est Robert Kennedy, avec l'accord de Jackie, qui a retenu les services d'un journaliste, William Manchester, qui avait déjà signé un livre sur l'ex-président intitulé *Portrait d'un président*. Manchester a accepté de collaborer à l'ouvrage, et Jackie a rapidement apprécié les aptitudes professionnelles du journaliste qui, grâce à une plume alerte, savait mettre en relief les éléments importants. Manchester a passé des heures en tête-à-tête avec Jackie qui lui a raconté les moindres détails de sa vie avec John Kennedy. Il a interviewé des centaines de personnes, travaillant jour et nuit. Ce livre était devenu une vraie passion. Écrivant à une vitesse phénoménale, Manchester a terminé la rédaction de son manuscrit de plus de 1000 pages au début de 1966.

Avant que Jackie et Robert Kennedy puissent lire la version des faits telle qu'écrite par Manchester, les choses ont tourné au vinaigre. Si l'accord initial conclu entre les Kennedy et Manchester prévoyait le versement d'honoraires substantiels, les bénéfices de la vente du livre devaient être versés à la bibliothèque honorifique créée par l'université Harvard. C'est là que les choses se sont gâtées: le magazine *Look* a offert 665 000 dollars à Manchester pour les droits du livre. L'offre était trop alléchante pour qu'il la refuse. Il a donc signé un contrat avec le magazine où il était finalement le seul bénéficiaire. Il a fait part de l'offre qu'il avait reçue, sans dire à Jackie qu'il l'avait acceptée. Elle fit une sainte colère. Elle a tempêté, prononcé des menaces, rappelant que le livre avait pour objectif de raconter les faits tels qu'ils s'étaient déroulés. Il était hors de question que qui que ce soit puisse s'en enrichir. Manchester a été obligé d'admettre qu'il avait signé le contrat avec *Look*. Faisant mine de céder aux raisons de Jackie, il a tenté faiblement de résilier le contrat avec *Look*, mais on l'a menacé d'une poursuite devant les tribunaux. Contre mauvaise fortune, il fit bon coeur...

Les choses ont continué de se gâter lorsque Jackie a pris connaissance des propos contenus dans le livre. Beaucoup de détails la rendaient mal à l'aise. De plus, elle n'appréciait guère le ton qu'avait pris le journaliste pour relater certains événements. Bref, elle voulait qu'on effectue des corrections, de nombreuses corrections. Manchester lui a annoncé qu'il n'avait plus aucun droit de regard sur le texte, qu'il appartenait dorénavant au magazine qui lui avait versé l'argent promis. Aussi, Jackie Kennedy a décidé de rencontrer la direction du magazine pour l'amener à se plier à ses demandes. Toutes les démarches qu'elle a tentées ont été vaines.

Au cours des mois qui ont suivi, Jackie, Robert Kennedy et une importante équipe d'avocats ont tout fait pour obliger le magazine à apporter les changements demandés.

La presse s'est mêlée de la bataille: l'occasion était trop belle pour prendre sa revanche envers cette famille trop fière, trop riche et trop ambitieuse. On a tout imprimé en racontant... n'importe quoi.

Blasée et frustrée de ses insuccès dans cette bataille, Jackie a entrepris, à la fin de 1966, une poursuite de plusieurs millions de dollars contre le magazine et contre Manchester, dénonçant une intrusion dans sa vie privée de la part du premier et un bris de contrat du second. C'est la deuxième bataille qui a obtenu les meilleurs résultats. Le magazine a abandonné assez rapidement la bataille contre Jackie en raison des honoraires juridiques qui s'annonçaient très très lourds et de la nature de la cause, qui avait des chances de traîner des années devant les tribunaux.

En bout de ligne, Jackie a pu écrire le livre qu'elle voulait écrire. Mais elle avait combattu les puissants médias américains, et ces derniers ne lui ont pas pardonné, et son image en a souffert. S'il s'en trouvait pour sympathiser avec elle, pour soutenir qu'elle avait eu raison d'agir comme elle l'avait fait, il s'en trouvait d'autres, et combien plus nombreux, pour penser que Jackie avait sans doute bien des choses à cacher.

Quoi qu'il en soit, lorsque le livre a été publié, en avril 1967, il a fait sensation. On l'a aussitôt qualifié de best-seller du siècle.

Jackie Kennedy a également rompu le silence auquel elle s'était obligée en accordant une de ses très rares entrevues depuis le décès de John Kennedy au *New York World Journal Tribune*.

Chapitre 8

LA MORT DE ROBERT KENNEDY

La fin des années soixante restera gravée dans l'esprit de tous ceux qui l'ont vécue, de tous ceux qui y ont participé. C'était des années de ferveur, d'engagement, de changements aussi. Les États-Unis n'échappaient pas à cette ère de contestation et de revendication. C'était l'époque *peace and love*, *flower power*. C'était la dénonciation de la guerre du Viêt-nam, la controverse à propos des droits civils, l'émancipation des Noirs.

Robert Kennedy, qui avait manifesté son intention de se présenter à la présidence des États-Unis, n'a pas hésité à s'impliquer dans ce débat de société. Jackie soutenait activement son beau-frère, elle participait à ses assemblées politiques, elle n'hésitait pas à lui donner les coups de pouce nécessaires, mais, au plus profond d'elle-même, elle souhaitait que Robert ne soit pas élu à la présidence du pays. L'assassinat de son mari la hantait encore. Elle craignait qu'il n'arrive à Robert — à Bobby — ce qui était arrivé à John. Un événement a d'ailleurs avivé ses craintes. Martin Luther King, défenseur des droits civiques des Noirs, a été abattu à Memphis, alors qu'il s'adressait d'un balcon à une foule dense et compacte.

Robert Kennedy, qui avait un grand respect, sinon une grande amitié pour le leader noir, s'est aussitôt envolé pour Atlanta afin de soutenir la veuve de King. Jackie n'était pas en reste. Malgré les durs souvenirs qu'un tel événement lui rappelait, elle s'est montrée solidaire à Coretta King en allant assister aux funérailles du pasteur.

Après cette tragédie, Jackie Kennedy est rentrée à New York et a pris un peu de distance avec la politique, quoiqu'elle ne cessait pas de participer à la campagne de son beau-frère. Mais sa vie empruntait un nouveau chemin. Balayant ses craintes de l'opinion publique, elle a décidé de s'afficher publiquement avec l'armateur grec qu'elle n'avait pas cessé de voir en cachette depuis quelques mois. Peu à peu, son entourage s'interrogeait à savoir si Aristote Onassis était simplement une relation comme une autre ou un prétendant sérieux. Mais on balayait du revers de la main ces rumeurs de mariage qui commençaient à circuler en se disant que, décidément, Jackie Kennedy ne pouvait pas être attirée — vraiment attirée — par un homme tel qu'Onassis.

Non seulement était-il son aîné de vingt-deux ans, mais il était également un étranger plutôt rustre. Certes, c'était un homme qui accumulait les succès, en affaires comme dans ses amours. Il était indéniablement l'un des hommes les plus riches de la planète, mais qui était donc Aristote Onassis, au-delà de ce qu'en disaient les uns et les autres?

Né en Turquie en 1906, de parents grecs, Aristote Onassis a perdu sa mère alors qu'il n'avait que six ans — un événement qui allait le marquer, tout comme le départ du père de Jackie à la suite du divorce de ses parents. Aristote Onassis était encore adolescent lorsque la Première Guerre mondiale a éclaté. La Turquie s'est alors rangée du côté de l'Allemagne, tandis que la Grèce a penché du côté des forces alliées. Soudainement, la famille Onassis, comme beaucoup d'autres dont les origines étaient partagées entre la Turquie et la Grèce, s'est dispersée de chaque côté, et l'éternelle histoire des «frères ennemis» se répétait une fois encore. Le père d'Aristote est alors arrêté par le clan opposé, emprisonné et condamné à la peine de mort. Aristote Onassis a toutefois réussi à amasser suffisamment d'argent pour acheter la liberté de son père. Aussi étonnant que cela puisse paraître, lorsque le père d'Onassis a retrouvé sa liberté, il s'est fâché contre son fils, jugeant que ce dernier avait trop payé pour sa liberté! Le jeune garçon, s'il a été blessé par la réaction de son père, a tout de même appris une leçon: l'argent c'est la vie, et plus vous avez d'argent, plus vous pouvez vous sentir en sécurité. Il décida donc de parcourir le monde pour trouver sa fortune. Il a traversé l'océan dans la cale d'un bateau à destination de Buenos Aires, en Argentine. Il a travaillé à des salaires de misère, notamment sur les docks, mais il a quand même réussi à mettre un peu d'argent de côté. Il a acheté toutes sortes de choses qui semblaient inutiles, pour les revendre avec bénéfices. Il a établi ses premières relations... et il a réussi à trouver des investisseurs dans des entreprises pourtant risquées. Il a si bien tiré son épingle du jeu qu'en moins d'une décennie, toujours en utilisant l'argent des autres, il s'est bâti une fortune enviable. En moins de deux décennies, il était devenu multimillionnaire.

Aristote Onassis avait déjà été marié lorsqu'il a rencontré Jackie Kennedy. Il était marié, mais divorcé et père de deux enfants, Alexandre et Christina. De plus, il venait de mettre fin à une liaison passionnée qui avait duré plus de dix ans avec la célèbre cantatrice, Maria Callas. Et Onassis avait déjà eu son lot de maîtresses, dont Lee, la soeur de Jackie.

Rien de cela n'aurait dû inciter Jackie à épouser l'armateur. Ce qui l'a probablement poussée à prendre cette décision est le drame qui s'est produit le 6 juin 1968. Ce jour-là, à sa résidence de New York, elle a été réveillée à trois heures du matin par un appel téléphonique du mari de sa soeur qui lui a annoncé que Robert Kennedy venait d'être victime d'un attentat. Immédiatement, elle s'envolait pour Los Angeles auprès de Robert Kennedy afin de soutenir la femme de ce dernier, Ethel. Pour tout dire, depuis la mort de John Kennedy, Robert et Ethel étaient les meilleurs amis de Jackie.

Robert Kennedy n'a jamais repris conscience et il est mort peu de temps après. Lorsque les médecins l'ont déclaré mort, Jackie, ne pouvant se contenir, s'est mise à pleurer. Elle avait perdu son père, son mari et maintenant son plus grand confident. Elle a cependant retrouvé rapidement son sang-froid pour soutenir sa belle-soeur dans l'épreuve et l'aider à faire face à toutes les décisions qui s'imposaient, notamment l'organisation des funérailles.

Aussitôt celles-ci achevées, elle a annoncé sa décision d'accepter la demande en mariage d'Aristote Onassis.

Pendant tout l'été, Jackie a fait la navette entre Newport et Hyannis Port, où Onassis l'a rejointe. Elle voulait que ses enfants le connaissent mieux et, par la même occasion, elle espérait le présenter à sa mère, à son beau-père et aux Kennedy. Tout a bien commencé avec Caroline et John Jr., car Onassis est arrivé à la résidence les bras chargés de cadeaux... Rose Kennedy a joué un rôle capital dans la décision de Jackie de se remarier. Elle répétait sans cesse qu'il lui faudrait réduire sérieusement ses dépenses, y compris celles de son personnel domestique. *«Cela ne peut pas continuer ainsi*, disait-elle à Janet, la mère de Jackie. *Maintenant que John n'est plus là pour subvenir à ses besoins, il va falloir que Jackie apprenne à vivre sur un autre pied. Mon mari ne peut pas continuer à financer ses moindres caprices.»*

Onassis représentait pour Jackie une échappatoire, autant que l'indépendance financière à laquelle elle aspirait depuis si longtemps. Elle avait besoin de sécurité, et elle adorait le luxe. Et Onassis lui offrait les deux. Elle voulait une présence masculine forte dans la vie de son jeune fils, et elle voulait échapper à ce qu'elle appelait «l'obsession oppressante» des Américains, des médias américains surtout, pour elle et pour ses enfants.

Rose Kennedy a émis quelques réserves sur le problème religieux (Onassis était à la fois divorcé et membre de l'Église orthodoxe grecque), mais elle trouvait leur invité charmant et distrayant. Certes, Onassis avait soixante-deux ans, et Jackie trente-neuf, mais, compte tenu de son attirance pour les hommes d'un certain âge, c'était plutôt un atout.

Les sentiments de Rose n'étaient pas partagés par la mère de Jackie qui, de toute évidence, n'aimait pas beaucoup Aristote Onassis. Elle le trouvait vulgaire, à la fois par son allure et par ses manières. Elle tenait des propos assez négatifs à son sujet. Il n'avait pas, disait-elle, l'élégance que méritait Jackie. Mais cela allait sans doute plus loin, car Janet avait ses raisons d'en vouloir à Onassis, ne serait-ce que parce qu'elle savait qu'avant Jackie il avait eu une liaison avec Lee. De plus, elle avait lu divers échos relatant ses aventures avec des femmes comme Veronica Lake, Evita Peron, Gloria Swanson, Greta Garbo et Elizabeth Taylor et, bien sûr, Maria Callas.

En août, Jackie accompagnée d'Edward Kennedy se sont rendus à Skorpios, sur l'invitation d'Onassis. Jackie avait déjà rencontré la jeune Christina, qui avait dix-huit ans, mais pas Alexandre, âgé de vingt ans. Tous deux avaient la malchance de ressembler à leur père, plutôt qu'à Tina, leur mère si fine et si distinguée. Et depuis la séparation de leurs parents, en 1959, ils s'étaient toujours montrés d'une hostilité intraitable envers les femmes qui avaient partagé la vie de leur père, en particulier envers Maria Callas qu'ils accusaient d'avoir brisé le mariage de leurs parents. Alexandre et Christina n'ont pas plus accepté Jacqueline Kennedy qu'ils n'avaient accepté Maria Callas. Seule une réconciliation entre leur père et leur mère aurait pu les satisfaire. Ils ont observé à son égard une distance polie, mais ne laissant espérer aucun signe de sympathie ou d'affection.

Alors que Jackie était allée à Athènes pour deux jours de magasinage, Edward Kennedy est resté à Skorpios pour discuter des termes d'un contrat prénuptial avec l'homme qui était sans doute le négociateur le plus dur de la planète. Il était aussi mal à l'aise qu'Onassis était détendu. Kennedy a commencé par parler de son frère décédé, puis il a déclaré: *«Nous aimons beaucoup Jackie et nous tenons à lui assurer un avenir heureux et stable.*

— Moi aussi, répliqua promptement Onassis.»

Ils ont abordé alors la question de l'argent. Onassis, qui avait déjà exploré la question avec Jackie, était au courant de la situation et trouvait curieux que l'une des familles les plus riches d'Amérique lui alloue un budget si limité. Ses ressources globales, provenant à la fois de l'héritage et de fonds subsidiaires, étaient dérisoires pour une personne de son rang. S'il n'a pas prononcé la moindre remarque au représentant des Kennedy à ce sujet, il a fait remarquer à Jackie que les Kennedy la retenaient comme une prisonnière politique. Il l'a assurée qu'il compenserait tous les revenus dont elle serait privée par leur mariage. Il lui a promis de lui verser également une allocation mensuelle substantielle, sans en préciser le montant exact. Le sénateur n'a pas insisté, mais il a souligné que, par son remariage, Jackie perdait sa pension de veuve, soit 10 000 dollars par an, ainsi que la protection qui lui était accordée par les services secrets.

Onassis ne s'est pas laissé dérouter ni par l'une ni par l'autre de ces considérations. Il a accepté d'assumer l'entière responsabilité pour la pension perdue et a déclaré son intention d'étendre ses dispositions personnelles de sécurité envers Jackie.

Le lendemain, Jackie est revenue d'Athènes. Onassis a alors donné une réception en l'honneur de ses invités à bord du *Christina*, illuminé de tous ses feux.

Le contrat de mariage a été signé quelques semaines plus tard, après d'ultimes modifications. Onassis a accepté de verser immédiatement à Jackie trois millions de dollars qui pourraient être soit déposés dans son compte en banque, soit utilisés pour acquérir des titres non imposables, plus un million de dollars pour chacun de ses enfants.

Cette «formalité» accomplie, Jackie et Onassis ne se sont pas beaucoup vu durant les semaines et les mois qui ont suivi. Onassis est retourné à Athènes pour finaliser d'interminables négociations économiques avec le chef de la junte militaire grecque, tandis que Jackie est restée à New York.

Onassis avait déjà entamé le lent processus de séparation avec Maria Callas, sans jamais trouver le courage de lui avouer l'entière vérité. Au cours des années, il avait fait d'elle une femme riche, la comblant de bijoux, de fourrures et d'argent. Elle avait même une participation dans un pétrolier. Il lui a annoncé qu'elle était citée dans son testament (après sa mort , elle a touché deux millions de dollars). En gage d'estime, il lui a signé immédiatement un chèque de 50 000 dollars. Pourtant, malgré toute sa générosité, il ne pouvait pas se résoudre à lui parler de ses projets de mariage.

Chapitre 9

UN SECOND MARIAGE

Le 15 octobre 1968, un quotidien de Boston publiait un article en première page annonçant que Jacqueline Kennedy allait bientôt épouser l'armateur grec, le milliardaire Aristote Socrate Onassis. Après la lecture de cet article, Jackie a téléphoné à Onassis, qui se trouvait dans sa villa des environs d'Athènes, à Glyfada, pour lui dire que leur secret avait été ébruité et qu'elle pensait qu'ils devraient se marier rapidement.

Onassis était quelque peu décontenancé par cette hâte soudaine. Il voulait plus de temps. Mais Jackie ne pouvait pas se permettre de le laisser décrocher — un renversement de sa part aurait définitivement ruiné sa réputation. Maintenant qu'elle avait parlé au cardinal Cushing, maintenant que la nouvelle avait paru dans la presse, elle insistait pour qu'il aille jusqu'au bout.

Dans la soirée du dix-sept, quatre-vingt-dix passagers d'un vol régulier d'Olympic Airways ont dû céder leurs places à Onassis et sa suite (qui incluait Caroline, John Jr., Pat Lawford, Jean Smith et Hugh Auchincloss). Stanislas et Lee Radziwill les ont rejoints à Athènes avec leurs deux enfants.

Plus tôt dans la journée, Onassis était passé chez Zolotas, son joaillier favori d'Athènes, où il avait la semaine précédente choisi un rubis taillé en forme de coeur, d'une valeur de plus d'un million de dollars, ainsi qu'une alliance en diamants pour Jackie. Il a aussi acheté une barrette en diamants pour sa future belle-mère, ainsi qu'un assortiment de breloques, destinées à leurs invités. Il a ajouté à cette liste un bracelet en or incrusté de rubis, d'une valeur de vingt-cinq mille dollars, un petit avant-goût des cinq millions de dollars de bijoux qu'il offrirait à sa femme durant leur mariage.

Le lendemain matin, Ari s'est rendu à l'aéroport d'Andravida, à près de trois cents kilomètres à l'ouest d'Athènes, pour y attendre l'avion de Jackie. Il n'était pas tout seul: trois cents reporters s'étaient rassemblés sur la piste. Ils lui ont demandé quand le grand événement devait avoir lieu. «*Dans les trois jours qui suivent*, répondit-il laconiquement.» Récupérant sa fiancée de trois millions de dollars, Onassis l'a accueillie à bord de son DC-8 pour l'emmener avec ses enfants jusqu'à la base aérienne d'Aktion, dans le Nord, puis jusqu'à Skorpios, en hélicoptère.

Ils étaient suivis par toute une armée de journalistes, et plusieurs ont échoué dans le minuscule village de pêcheurs de Nidri, sur l'île de Leucade, à moins de deux miles de Skorpios. Ils ont loué une véritable flottille de caïques pour venir cerner les deux hectares de l'île d'Onassis. Le 19 octobre, la veille du mariage, Jackie lance un appel personnel à la presse: *«Nous souhaitons que notre mariage se déroule dans l'intimité, dans cette petite chapelle, au milieu des cyprès de Skorpios, en présence seulement de quelques membres de la famille et de leurs enfants. Vous devez comprendre que, même quand les gens sont très connus, ils ressentent au fond de leur coeur l'émotion des gens les plus simples face aux événements les plus importants qu'il nous est donné de vivre sur cette terre: la naissance, le mariage et la mort.»*

Malheureusement, ces journalistes n'étaient pas payés pour ignorer ce que beaucoup considéraient comme l'événement le plus significatif des dix dernières années. Quand il a été évident que la presse n'était pas prête à se retirer, le gouvernement grec envoya la marine, avec instruction de tirer sur tout vaisseau (du porte-avions au simple bateau à rames!) qui s'approcherait à moins de mille mètres des côtes de Skorpios. Il a été également convenu que quatre reporters seraient autorisés à assister à la cérémonie pour constituer une sorte de réseau avec leurs confrères.

Le mariage a eu lieu à 17h15, le 20 octobre 1968, dans la minuscule chapelle blanchie à la

chaux de Panaytsa (chapelle de la sainte Vierge),
qui se détachait parmi les bougainvillées et les
jasmins. Selon un des reporters, Jackie avait l'air
tendue et soucieuse dans son deux-pièces à man-
ches longues dessiné par Valentino. Ses cheveux
étaient retenus par un ruban ivoire. Le marié portait un costume croisé bleu nuit et, malgré ses
chaussures noires surélevées, il n'arrivait qu'à la
hauteur du nez de Jackie. Caroline semblait à la
fois triste et éblouie. John Jr. a gardé la tête bais-
sée durant toute la cérémonie. Jackie n'a pas ces-
ser de regarder nerveusement dans leur direction.
Les enfants d'Onassis avaient l'air inquiet et la
mine renfrognée.

Le temps, lui-même, n'était guère de la partie:
une pluie froide et battante balayait Skorpios et
la mer des alentours.

L'air humide était parfumé d'encens, et le couple s'est présenté, main dans la main, devant le
prêtre en robe, à la barbe épaisse. Ils tenaient
tous les deux un cierge de cérémonie à la flamme
vacillante. On a chanté des hymnes et des prières,
en grec d'abord, puis anglais. Le prêtre a prononcé lentement le serment qui les consacrait
mari et femme. Ils ont échangés leurs alliances,
sous deux couronnes de cuir, tressées de brancha-
ges et de fleurs. Ils ont bu chacun trois gorgées de
vin rouge dans un calice d'argent, puis ils ont fait
trois fois le tour de l'autel. Quand ils sont sortis
de la minuscule chapelle, sans avoir échangé un
seul baiser, ils ont reçu une volée de riz et de dra-

gées — le sucre pour le bonheur et le riz pour la fertilité. La réception de mariage s'est déroulée à bord du *Christina*, où les mariés ont passé leur nuit de noces.

Le lendemain du mariage, tous les invités, même Caroline et John, sont retournés chez eux. Et si Jackie continuait de porter le nom de Kennedy, séparé d'un trait d'union par celui d'Onassis, elle commençait véritablement, ce jour-là, sa nouvelle vie en tant que madame Aristote Onassis.

Il était prévu que Jackie et Aristote s'offrent une lune de miel d'un mois à bord du *Christina*. On jetterait l'ancre au gré de la fantaisie des occupants. La réalité fut toute autre. Onassis avait des affaires importantes à régler à Athènes, et la lune de miel sur le *Christina* a été rapidement reléguée aux oubliettes. Jackie n'était pas réellement déçue, puisque cela lui a permis de s'installer confortablement dans sa nouvelle résidence. Lorsqu'elle était devenue la première dame des États-Unis, sa priorité numéro un avait été de refaire la décoration de la Maison-Blanche — mais elle avait dû éviter les dépenses exagérées en raison de son mari et de l'opinion publique. Maintenant mariée à l'un des hommes les plus riches de la planète, elle n'avait plus à se préoccuper de cette question. Elle s'est donc mise au travail pour changer du tout au tout la propriété d'Aristote qui était maintenant devenue sienne. Elle voulait également redécorer le *Christina*, pour lequel Onassis avait pourtant dépensé une fortune, parce que, jugeait-elle, le décor était de mauvais goût et tape-à-l'oeil!

Elle contacta son décorateur de New York, le renommé Bill Baldwin. Lorsqu'il a effectué une première tournée des lieux, il a noté les tapis affreux et plusieurs mauvaises reproductions de meubles d'époque! Onassis donna carte blanche à sa nouvelle épouse pour refaire les décorations. À partir des conseils de son décorateur, Jackie a dépensé plus d'un quart de million de dollars pour le nouvel ameublement et différents objets d'art qui devaient décorer les diverses pièces de la résidence et du yacht. Elle a aussi profité de cette liberté retrouvée, Onassis n'était pas un mari trop accaparant, pour renouer avec certains amis qu'elle avait délaissés au cours des derniers mois, sinon des dernières années. Parmi eux, l'un de ses amis d'enfance, qui avait déjà été un flirt, Rosswell Gilpatric. De Grèce, elle lui a écrit: *«Mon très cher Ross, je t'aurais sûrement annoncé la nouvelle de mon mariage avant que je ne quitte les États-Unis mais... tout s'est décidé et s'est fait beaucoup plus vite que je ne l'avais planifié. J'espère que tu sais tout ce que tu représentais alors pour moi, et ce que tu seras toujours. Avec mon amour, Jackie.»* En mettant innocemment à la poste ce message adressé à un vieil ami, Jackie ne se doutait pas des problèmes que cela provoquerait plus tard.

Le temps que la décoration de leur propriété et de leur yacht soit lancée, la lune de miel officielle de Jackie et Aristote était terminée: il était maintenant temps, pour Jackie, de rentrer aux États-Unis pour retrouver ses enfants — il avait été clairement établi avec son nouvel époux que ses enfants, John et Caroline, devaient avoir préséance dans sa vie.

Mais la vie de couple de Jackie et Onassis n'avait rien de vraiment ordinaire. Ils passaient plus de temps séparés l'un de l'autre qu'ensemble. Mais Aristote ne l'oubliait jamais: on ne compte plus les fois où il lui a fait parvenir des fleurs dont les tiges étaient entourées d'un bracelet de diamants ou d'autres pierres précieuses. Jackie était plus souvent en Amérique qu'en Grèce, où les entreprises de son mari avaient pourtant leur siège social, et Onassis se trouvait où ses affaires le demandaient. Au départ, cet arrangement semblait très bien leur convenir à tous deux et ils se retrouvaient, après un rendez-vous fixé, sur le *Christina* ou à l'une de leurs fabuleuses propriétés, dont une villa à Glyfada sur l'île de Corfou, un appartement à Manhattan, une suite à Paris et une hacienda à Montevideo, en Uruguay — avec plus d'une centaine d'employés, toujours sur le qui-vive, prêts à répondre au moindre appel de leurs maîtres.

Aristote Onassis expliquait un jour comment il voyait sa vie, et son épouse: *«Jackie,* avait-il dit, *est un petit oiseau qui a autant besoin de liberté que de sécurité. Je lui donne les deux. Elle peut faire exactement ce qu'elle veut et, bien entendu, je peux aussi faire exactement ce qui me plaît.»*

Si chacun avait beaucoup de liberté, les vacances estivales se déroulaient selon un certain rituel: Onassis, Jackie et ses enfants, Caroline et John, se retrouvaient habituellement en Grèce. Et pour que Caroline et John ne se sentent pas trop dépaysés, Rose Kennedy, leur grand-mère, était habituellement invitée à les accompagner. Aristote et Rose Kennedy, à l'étonnement de tous, s'entendaient très bien, et Jackie elle-même a admis qu'elle appréciait beaucoup plus sa belle-mère qu'à l'époque où elle était mariée à son fils. Alors qu'Aristote et Jackie Onassis ainsi que leurs enfants, essayaient d'établir un climat familial, la presse internationale les harcelait constamment. Ils ne pouvaient pas faire un pas hors de leur résidence sans qu'une meute de photographes n'apparaisse tout à coup.

Onassis et Jackie croyaient que l'intérêt faiblirait après quelques mois, mais ce ne fut pas le cas. Le grand public était toujours friand de nouvelles et de ragots sur ceux que le magazine *Women's Wear Daily* avait baptisé «Jackie O.» et «Daddy O.» — des surnoms qui allaient d'ailleurs leur rester.

C'est au début des années soixante-dix que la fameuse lettre écrite à son vieil ami Ross pendant sa lune de miel a refait surface. Selon la version officielle, Rosswell Gilpatric a été victime d'un cambriolage, et les lettres que Jackie lui avait adressées faisaient partie du butin des cambrioleurs... qui les ont vendues à un collectionneur d'autographes new-yorkais. Il n'a pas fallu beaucoup de temps avant que ce dernier ne réalise que cette lettre de Jackie pouvait lui valoir une petite fortune. Il l'a vendue à un journal de New York et, en moins de temps qu'il n'en faut pour le dire, celle-ci était publiée dans les journaux du monde entier. Heureusement, tout de même, Jackie était à New York lorsque la lettre a été publiée la première fois. Après avoir réalisé l'histoire abracadabrante que le journaliste avait inventée, elle a décidé de téléphoner à son mari, alors en Grèce, pour l'avertir de ce qui se passait et lui dire de ne pas se surprendre si l'affaire se répandait jusqu'en Europe. Elle lui précisa également qu'elle n'était coupable de rien, tout en s'excusant tout de même pour l'embarras que cela pouvait lui causer. Onassis, reconnu pour son caractère impulsif, a réagi avec calme à la situation. Extérieurement tout au moins. Car, intérieurement, c'était la tempête. Ce qui le dérangeait le plus, en réalité, c'étaient les rumeurs qui n'allaient pas manquer de circuler selon lesquelles sa jeune femme puisse lui avoir été infidèle — et ça, son ego d'homme, de latin, ne l'acceptait pas.

Aristote Onassis avait la réputation d'être cruel, brutal, quand il se retrouvait en conflit, même vis-à-vis de ceux qu'il aimait. Il avait toujours voulu garder sa liberté dans ses liaisons et ses mariages, mais il lui semblait maintenant que Jackie en avait ou en profitait encore plus que lui. Pour se venger de Jackie, en quelque sorte, Onassis est allé retrouver Maria Callas, son ancienne flamme, à Paris. Bien sûr, la rencontre, qui n'avait rien d'un rendez-vous clandestin, faisait la manchette des journaux du lendemain. C'est d'ailleurs ainsi que Jackie a appris la nouvelle, à New York. Loin de s'emporter, consciente du manège de son époux et soucieuse de montrer à la presse que son mariage ne battait pas de l'aile, elle s'est envolée immédiatement pour Paris retrouver son mari et manger chez Maxim's où les photographes se sont battus pour les photographier.

La querelle était donc réglée, mais pour un temps seulement, car Onassis commençait à se plaindre à ses amis de la personnalité et de la conduite de sa femme. Il en avait contre ses extravagances, son manque de ponctualité, son côté dépensier — il oubliait cependant que c'est lui qui l'avait encouragée à dépenser sans compter... Bref, les différences qui séparaient Aristote Onassis et Jackie Kennedy-Onassis devenaient de plus en plus évidentes. En fait, ils avaient peu de points communs et ils passaient de plus en plus de temps séparés, sans que l'un ou l'autre s'en préoccupe.

Plusieurs incidents ont indéniablement contribué à éloigner encore plus Aristote de Jackie. Parmi ceux-ci, la mort tragique d'Alexandre, le fils d'Aristote. En janvier 1973, Alexandre Onassis se préparait à un vol d'entraînement sur un des vieux avions Piaggio qui appartenaient à son père. Alexandre avait déjà tenté de convaincre son père de la nécessité de remplacer ces vieux coucous, mais Onassis avait jugé que ce n'était pas nécessaire et que ces avions étaient encore bons pour de nombreuses heures de vol. Juste après le décollage, un problème de moteur est survenu et l'avion s'est écrasé. Alexandre était défiguré à un point tel, qu'on a eu peine à le reconnaître lorsqu'on l'a sorti des débris de l'appareil. Il a été transporté d'urgence à l'hôpital où on l'a gardé en vie grâce à des appareils perfectionnés. Aussitôt informés de l'accident, Aristote et Jackie, qui séjournaient alors aux États-Unis, sont revenus en Grèce en catastrophe. Quand les médecins lui ont annoncé que son fils avait subi de graves lésions au cerveau, qu'il n'avait aucune chance de retrouver un jour une vie normale, ni même autonome, Aristote Onassis a ordonné qu'on le débranche des appareils qui le maintenaient en vie artificiellement.

Jackie, qui n'en était pourtant pas à sa première tragédie, n'a pas su comment réagir. Onassis souffrait terriblement. Il était non seulement déchiré par la douleur provoquée par la perte de son fils chéri, mais aussi par le sentiment de culpabilité — il se sentait responsable de cet accident. Il se disait maintenant que son fils avait raison, que les appareils auraient dû être remplacés depuis longtemps. Mais plutôt que de se tourner vers son épouse pour trouver le réconfort, il a préféré s'entourer de sa grande famille grecque.

La douleur exprimée à la méditerranéenne menait à quelque chose d'inconnu pour Jackie. Elle s'est donc retirée sans faire de bruit, pour le laisser seul avec sa souffrance — croyant que c'était ce qu'il désirait. Mais Onassis a perçu son éloignement et sa réserve comme de la froideur. Il est donc allé chercher le réconfort dont il avait tant besoin dans les bras et le lit de Maria Callas.

Si la perte de son garçon Patrick avait aidé Jackie à se rapprocher de John, bien des années auparavant, la mort d'Alexandre allait marquer une cassure dans la vie d'Aristote et de Jackie.

Onassis a été durement affecté par la mort de son fils, et cela a paru sur son état de santé. Lors de son séjour suivant New York, cédant aux insistances de Jackie, il a finalement décidé de se soumettre à une batterie de tests pour connaître les causes de ces douleurs au cou et au visage qui l'assaillaient à tout moment. Les médecins ont diagnostiqué une maladie du système nerveux et musculaire, caractérisée par une faiblesse ou une fatigue des muscles faciaux et du cou. Le docteur a rassuré Aristote Onassis, lui disant que cette maladie pouvait être soignée.

Les difficultés ne s'arrêtèrent pas là. Décidément, les épreuves s'accumulaient. Onassis a connu de sérieuses difficultés dans ses affaires, mais, comme si la mort de son fils lui avait fait perdre tout ressort, il a mis tant de temps à réagir que ses entreprises ont perdu rapidement la moitié de leur valeur. C'était un peu comme si, avec la perte de son fils, celui dans lequel il avait mis tous ses espoirs et tous ses rêves, Onassis n'avait plus le goût de batailler.

Après de brèves vacances à Mexico avec Jackie, durant lesquelles les choses ne s'arrangeaient pas (elle était partie de son côté et Onassis du sien), il a contacté secrètement ses avocats pour qu'ils regardent la possibilité d'un divorce. Aurait-il été jusqu'au bout dans cette démarche? La question restera sans réponse puisqu'il aura alors d'autres sujets de préoccupation.

En février 1975, à Athènes, Onassis est victime d'un problème sérieux à la vésicule biliaire. Malgré la mésentente qui s'était installée entre lui et Jackie, celle-ci s'est rendue à son chevet et, constatant les carences de l'hôpital, a exigé qu'Onassis soit transféré à l'hôpital Américain, à Paris, pour subir les traitements que son état exigeait. Habituellement, ce genre d'intervention se fait sans complication. Mais, cette fois, Onassis semblait définitivement avoir perdu toute volonté de vivre. Après avoir subi l'opération, il a dû rester branché à un respirateur artificiel. Au début, Jackie restait à ses côtés, tout comme la fille d'Onassis, Christina, mais les tensions entre les deux femmes étaient telles, que Jackie a préféré céder sa place, passant ainsi de moins en moins de temps à l'hôpital. Mais elle est tout de même demeurée à Paris. Onassis a repris lentement conscience. Après plusieurs semaines d'hospitalisation, alors que son état de santé semblait s'améliorer, il a dit à Jackie qu'il se sentait suffisamment en forme pour lui permettre de passer quelques jours avec ses enfants à New York. Cependant, quelques jours plus tard, Onassis a attrapé une pneumonie, et son état de santé s'est détérioré rapidement.

Jackie était à Manhattan quand elle a appris la terrible nouvelle. Elle était veuve. Comme sept ans auparavant lorsqu'elle avait rencontré «Ari».

Chapitre 10

UNE NOUVELLE VIE

La journée de la mort d'Aristote Onassis, Jackie, sous l'effet du choc, est restée enfermée, seule, dans son appartement new-yorkais.

Elle s'est donné quelques heures pour récupérer, puis s'est envolée vers Athènes où elle comptait organiser les funérailles. Lors de l'escale, prévue à Paris, elle a appris que tous les arrangements funéraires avaient déjà été faits. À Athènes, l'accueil a été glacial de la part de la famille d'Onassis, surtout de la part de Christina. Tout le monde, sans le dire ouvertement, la blâmait de n'avoir pas été auprès de son mari au moment de sa mort. Onassis a été enterré le jour suivant, selon ses souhaits, dans l'île de Skorpios, sous un cyprès et aux côtés de son fils Alexandre. Jackie semblait calme, elle n'a pas pleuré. Mais les émotions faisaient tempête dans son intérieur.

À peine l'enterrement d'Onassis achevé, une bataille a éclaté autour de la question de l'héritage. Christina a refusé de discuter de la succession avec Jackie. Elle s'est installée sur le yacht de son père baptisé à son nom qu'elle a réclamé sans plus attendre.

La presse, passionnée par la bataille entre les deux femmes qui avaient chacune un caractère entier, passionnée aussi par la bataille entre la belle-mère et la fille, a fait de l'héritage une affaire publique. Chacun y allait de ses spéculations. Chacun se demandait de combien de millions sinon de milliards allait hériter Jackie. Lorsqu'on a dévoilé publiquement les montants de la succession qui allaient à chacun, on s'est rendu compte que la part revenant à Jackie était relativement maigre: Onassis lui laissait deux cent mille dollars qui devaient lui être versés chaque année, cinquante mille dollars pour chacun de ses enfants, en plus d'une partie de l'île de Skorpios et du *Christina*. Jackie elle-même a été surprise, outrée pour dire vrai, de cette décision qu'elle a décidé de contester — elle a d'ailleurs engagé un avocat qu'elle a chargé de défendre ses intérêts. Christina Onassis était tout aussi insatisfaite, puisque c'est elle qui devait verser la rente annuelle à cette belle-mère qu'elle ne voulait plus revoir pour toujours. Une entente a donc été conclue entre les deux femmes, par avocats interposés: Jackie a accepté de renoncer à sa part de l'île de Skorpios et à sa part du yacht, de renoncer aussi à la rente annuelle en contrepartie de quoi elle recevrait un montant de vingt millions de dollars, plus six millions destinés à couvrir les taxes américaines.

Chapitre 11

SES DERNIÈRES ANNÉES

Au cours de l'année nécessaire pour terminer les détails de la succession, Jackie s'est réinstallée à Manhattan. Son appartement situé sur la Fifth Avenue était redevenu sa résidence permanente. Elle a également repris contact avec ses anciens amis et même quelques anciens flirts. Cette fois, elle a traversé son deuil de façon plus sereine — elle s'est moins renfermée sur elle-même. Cela se passait si bien que, six mois après la mort d'Onassis, Jackie défrayait les manchettes lorsqu'elle a décidé de se remettre a travailler. En fait, la seule chose qu'on a pu lui reprocher, c'était d'être en avance sur son temps. Une telle façon d'être et d'agir, aujourd'hui, n'étonnerait plus personne. Ce n'était toutefois pas le cas en 1975. À un ami intime, elle confiait: *«J'ai toujours vécu à travers des hommes. Aujourd'hui, je réalise que je ne peux plus le faire.»*

Jackie Bouvier, Kennedy ou Onassis avait toujours eu une passion pour la littérature, une passion qui lui venait de son père, mais qui avait été accentuée au cours de ses années d'études universitaires, notamment celles passées à l'université de la Sorbonne à Paris. Cette passion pour la littérature était d'ailleurs bien connue du public. Elle a tout de même été très surprise lorsqu'un de ses amis, Tom Guinzburg, lui a proposé un emploi comme conseillère littéraire à la populaire maison d'édition américaine Viking Press. Certes, le salaire hebdomadaire qu'on était prêt à lui accorder n'était que de deux cents dollars par semaine, mais l'argent n'était plus vraiment une préoccupation pour Jackie, le défi à relever l'intéressait bien davantage. D'autant plus que comme de nombreuses femmes dans la quarantaine, elle voyait grandir et vieillir ses enfants qui commençaient à voler de leurs propres ailes. À 17 ans, par exemple, Caroline se préparait à aller étudier dans une école d'art dramatique de Londres, et John accordait plus d'attention à ses amis qu'à ses études au Collegiate School de New York. Tout cela incitait Jackie à relever de nouveaux défis, à entreprendre une nouvelle carrière qui répondrait vraiment à ses besoins et à ses attentes, un peu comme ce poste de reporter-photographe qu'elle avait décroché en sortant de l'université. Elle a donc accepté l'offre d'emploi qu'on lui a faite.

Son premier jour de travail au bureau de la Viking Press n'avait rien de commun avec celui de l'employé type. Son horaire n'a étonné personne: sa journée a débuté par une séance de photographie avec le renommé Alfred Eisenstaedt, suivie d'un dîner au chic Plaza Hotel avec le propriétaire de l'établissement. Plus tard, elle a accordé une entrevue à un journaliste: *«Pour commencer, je dois apprendre les bases du métier, m'asseoir dans la salle de conférence lors des rencontres du personnel éditorial et les écouter parler, discuter de choses générales, etc. En fait, pour tout dire, je tenterai de faire ce que mon employeur me dit de faire.»* Ce que son employeur attendait d'elle, en fait, était qu'elle laisse son sens critique prendre le dessus quant aux ouvrages des auteurs de la maison, qu'elle leur prête aussi assistance à chaque étape de leurs projets. Et puis — cela va de soi — il s'attendait à ce que ses nombreux contacts lui permettent d'attirer de nouveaux auteurs. Comme Guinzburg, celui qui lui avait proposé le boulot, l'avait lui-même admis: *«Personne n'est indifférent à l'étendue des contacts de madame Kennedy-Onassis.»*

Jackie a occupé ce poste pendant deux ans. Un événement devait toutefois se produire, marquant la fin de l'association entre Jackie et la Viking Press. L'éditeur a mis sur le marché un roman intitulé *Shall He Tell the President?* signé par Jeffrey Archer. Ce roman exploitait l'avenue, pas très originale d'ailleurs, d'un éventuel complot ourdi contre le dernier des véritables membres du clan Kennedy, le sénateur Edward Kennedy qui, à l'occasion d'une campagne présidentielle, tombait sous les balles d'un assassin. Le livre a reçu un très mauvais accueil du public. Jackie n'avait pas participé à ce projet, mais les critiques littéraires et les journalistes ont cru que Jackie était à l'origine du bouquin. On n'a pas ménagé les critiques à son endroit. Malgré une carapace solide, et surtout parce qu'elle-même n'avait pas tellement prisé cette idée, elle a démissionné de la Viking Press. Elle a aussi organisé une conférence de presse au cours de laquelle elle a fait une mise au point qui ne laissait place à aucun doute. Sa carrière venait de prendre une tangente inattendue et imprévue. Mais si cela l'a troublée, ça n'a guère paru dans ses faits et gestes.

Parallèlement à sa carrière, pour l'instant en panne, Jackie menait une vie sociale et mondaine bien remplie. On la voyait régulièrement en compagnie de nouveaux hommes, et ces rendez-vous défrayaient immanquablement les manchettes; surtout lorsque ces hommes, comme c'était effectivement souvent le cas, étaient plus jeunes qu'elle. Celui qui semblait tenir une place particulière dans sa vie, à cette époque, était l'écrivain Pete Hamill. Ancien ami de coeur de Shirley McLaine, il avait non seulement une belle prestance, il était non seulement un bel homme, mais il avait aussi une personnalité attachante — d'origine irlandaise, il n'était sans doute pas sans lui rappeler son premier mari. Les rumeurs selon lesquelles il pourrait être le troisième époux de Jackie n'ont pas tardé à circuler. Mais d'autres hommes, avec lesquels elle était aperçue venaient mêler les cartes.

Peu après avoir quitté Viking Press, Jackie a reçu une nouvelle offre d'emploi à la maison d'édition Doubleday comme directrice littéraire. Un poste qu'elle a accepté promptement. En réalité, cela faisait l'affaire des deux parties: la Doubleday était ravie de profiter du talent, de l'expérience et des relations de l'ex-première dame des États-Unis et Jackie était heureuse de revenir dans le monde de l'édition. Elle s'est installée rapidement — et confortablement — dans ce travail qu'elle a conservé même après qu'elle ait appris qu'elle souffrait d'un cancer.

Revenons à cette époque, en 1978. Même si elle possédait déjà plusieurs propriétés, Jackie a acheté quelque trois cents acres à Martha's Vineyard, une île de repos (et de plaisir) pour les gens riches et célèbres du Massachusetts. Au cours des trois années qui ont suivi, elle a dépensé rien de moins que deux millions de dollars pour bâtir, aménager et décorer cette propriété de rêve dans laquelle elle a emménagé finalement en 1981. C'était la première maison qu'elle faisait construire, qu'elle aménageait et qu'elle décorait uniquement pour elle-même, le résultat reflétait son bon goût et son sens de la perfection, sans pour autant laisser transpirer l'opulence.

Puis Jacqueline Bouvier-Onassis, comme elle avait choisi de s'appeler officiellement, intéressait de moins en moins les journalistes et les photographes; même ces photographes qui cherchent la photo choc de la star de l'heure, l'ont délaissée au profit de stars plus jeunes, plus folles. C'est que, en prenant de l'âge, les emportements de Jackie n'avaient rien de comparables avec ceux des nouvelles stars. D'autant plus qu'elle ne se choquait plus des intrusions des photographes dans sa vie privée, elle avait choisi de les ignorer — et rien n'est pire, vis-à-vis des médias, que l'indifférence.

Régulièrement, ils revenaient la poursuivre. Mais cela ne durait qu'un temps.

Lorsqu'elle ne se reposait pas à l'une de ses résidences secondaires, elle vivait à Manhattan, plongée dans ses activités à la Doubleday, dont les bureaux étaient situés à proximité de son appartement sur la Cinquième Avenue. Comme directrice littéraire, elle devait produire un grand nombre de livres captivants, comme *Dancing on My Grave*, la vie difficile de la danseuse étoile Gelsey Kirkland, un livre d'entrevues avec les Lennon, intitulé *La Balade de John et Yoko*, elle a même réussi à produire un livre que nul ne pensait possible: l'autobiographie de Michael Jackson.

Lorsqu'elle était à New York et qu'elle ne travaillait pas, il lui arrivait souvent d'organiser des soupers au cours desquels elle réunissait quelques amis intimes, parfois elle profitait de la vie nocturne de Manhattan, alors qu'on l'apercevait au bras de Maurice Templesman dans un restaurant ou une discothèque à la mode. Maurice Templesman, son dernier compagnon, constituait pour elle un refuge sûr, discret et confortable. Certes, Templesman avait fait fortune dans le commerce des diamants, mais il n'était pas aussi riche qu'Aristote Onassis ou aussi brillant que John Kennedy. Il avait plutôt l'air d'un grand-père discret et courtois. Depuis le début des années 1980, Jackie avait trouvé en lui l'homme qui lui convenait. Ils se seraient probablement mariés si l'épouse de Templesman, avec qui il a vécu quarante-cinq ans, avait accepté de divorcer.

On la voyait quasi quotidiennement faire son jogging dans Central Park. Malgré ses nombreuses passions, notamment l'équitation qu'elle n'a jamais abandonnée, elle s'est occupée de «bonnes causes», comme la préservation des lieux historiques. Elle a continué de tenir assidûment son rôle de mère. Finalement, elle a élevé seule une fille et un fils — et elle pouvait d'ailleurs se flatter des résultats. Elle a prouvé hors de tout doute que l'on peut être un Kennedy sans pour autant faire la manchette, car elle a gardé John Jr. et Caroline à l'abri des scandales qui ont miné les Kennedy, comme la mort par overdose de David, le fils de Robert Kennedy, ou le procès pour viol de William, le fils Jean Kennedy.

Caroline Kennedy-Schlossberg, aujourd'hui âgée de trente-six ans, est mariée et mère de trois enfants. Son frère, John Jr., âgé de trente-trois ans, vit avec l'actrice Daryl Hannah. Avocat de renom, John Jr. est promis à un brillant avenir politique.

À plus de soixante ans, Jacqueline Bouvier-Kennedy-Onassis restait une beauté classique, une femme dont le style était apprécié dans le monde entier. Non pas qu'elle était d'une beauté resplendissante ou une femme fatale, mais peut-être simplement parce que le public, le grand public, avait deviné qu'elle était toujours demeurée naturelle, telle qu'elle était vraiment: simple et complexe à la fois, populaire et éclectique. En fait, Jackie, sans doute à cause de l'influence de son père, était une femme qui aimait la vie, qui mordait dans la vie.

Et même lorsqu'elle a appris qu'elle n'avait plus de chance de gagner cette terrible bataille contre le cancer, elle a continué de vivre. Elle a demandé à retourner chez elle pour passer ses derniers jours dans des lieux qui lui rappelaient d'heureux souvenirs en compagnie de gens qu'elle avait toujours aimés.

TABLE DES MATIÈRES

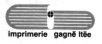
imprimerie gagné ltée

IMPRIMÉ AU CANADA